不煩歲月

國家圖書館出版品預行編目資料

不煩歲月／王淑俐著.－－初版一刷.－－臺北市：三民, 2017
面；公分.

ISBN 978-957-14-6286-8 (平裝)

1. 生活指導 2. 老年

177.2 106005109

著作人 王淑俐
責任編輯 李曉薇
美術設計 黃愛平
插畫設計 胡鈞怡
發行人 劉振強
著作財產權人 三民書局股份有限公司
發行所 三民書局股份有限公司
地址 臺北市復興北路386號
電話 (02)25006600
郵撥帳號 0009998-5
門市部 (復北店) 臺北市復興北路386號
(重南店) 臺北市重慶南路一段61號
出版日期 初版一刷 2017年6月
編號 S 170210
行政院新聞局登記證局版臺業字第〇二〇〇號

ISBN 978-957-14-6286-8 (平裝)

http://www.sanmin.com.tw 三民網路書店

因為不煩，所以不凡。

叢書出版緣起

隨著醫學科技日益進步，大幅延長人類的壽命，臺灣在一九九三年已進入聯合國定義的高齡化社會。根據統計，不久的將來，老年人口將會占總人口數的百分之二十，臺灣將進入「超高齡社會」，意味著每四到五個人中，就有一位老人。

過往人們追求延長壽命的觀念，也進一步轉變成如何「活得老，也活得好」的整體規劃。人們開始認真思考熟齡生活該如何計畫、身體該如何養護、人際關係該如何整理等問題。政府也訂定了許多相關的法令，提供年長者各式各樣的服務與補助，期望能營造一個友善的環境，讓每個人都能老得自在、老得快活！

身為對社會具有責任的文化出版者，我們是否也能為熟齡社會做些什麼？在一番觀察與反省後，我們思索著要帶給社會一些什麼樣的東西，讓臺灣的熟齡世代，可以朝向一個更美好、更有希望及更理想的未來。以此作為基礎，我們企劃了【養生智慧】系列叢書，邀集各領域中學有專精的醫師、專家學者，共同為社會盡一分心力，提供熟齡世代以更嶄新的眼光、更深層的思考，重新看待自己的生命與未來，省視自我的人生歷練，進而邁向更完整、圓融的生命歷程。

【養生智慧】系列叢書涵蓋生理、心理與社會生活層面，以提供熟年世代更多元、更豐富的視野，達到「成功老化」的目標。「生理與心理層面」以常見的生理及心理疾病作為架構，集結了各大醫院的醫師與學者，以專業的角度介紹、分析，並以實務上豐富的閱歷提出具體的建議與提醒，不僅能提供患者及其家屬實用的醫護內容，更是一般大眾的預防保健寶典。「社會生活層面」則涵蓋熟齡生活的所有面向，包含人際關係的經營、休閒活動的安排及世代溝通的技巧等，使讀者能成功邁向擁有健康身體，且心靈富足的熟年生活。

本系列叢書重視知識的可信度與嚴謹性，並強調文字的易讀性與親切感，除了使讀者獲得正確的知識，更期待能轉化知識為正向、積極的生活行動力。我們深切地期望【養生智慧】系列叢書，能成為熟年世代的生涯良伴，讓我們透過閱讀，擁有更完整、更美好的人生。

三民書局編輯部　謹識

推薦序

迎接陽光年代

游乾桂

《不煩歲月》是一本特別的書，讓人眼睛一亮，展書便不由自主逐字逐句讀完，欣喜之中為文作序推薦！

淑俐在自序中開頭鋪梗：「三十歲前你可能還留戀青春，不想長大；四十歲時本應四十不惑，但卻充滿困惑；五十歲呢？」

換我來說：「大約半百老翁、徐娘半老，人生過了一半！」以前不懂的事兒，應該要懂了；之前叫上半場，之後是下半場了，半百也許不老，但要知老。「半」在我看來有如本書一樣是一種有溫度的提醒，一如明末清初的文人李密庵的《半半歌》：「看過浮生過半，半之受用無邊，半中歲月儘幽閒，半裏乾坤寬展。」

人生過半，開智慧是必須的，行囊應該放進六字箴言：「想開、看開、放開」。

▼想開：五十歲之後，有力比有錢重要，練習「夠用就好」。雖然很難，但沒弄懂，人生更難。

▼看開：人生本來就是一種交錯，沒有絕對、沒有永遠，不要一直要求期待，「煩惱無用就無用煩惱」。

▼放開：想要擁有全世界往往會賠上一條命，握住了只有一塊錢，放開就是天下；天地很大、人很渺小，只管自己就好。

五十歲了，要知道人生很短，要把握美好時光，因為無常比明天先到。有些事該放——做不到的別做、猜不了的別猜、給不了的別給。有些事要得——得一知音：快意之快莫若友，快友之快莫若談；得一興趣：賞古玩，閒遊跳蚤市集，手作小物，都很有味；得一知足：人生不可能全有，也不會全無，有錢的也許沒時間，沒錢的可能得閒。適可而止、量力而為，也許是好的座右銘。

辛棄疾年歲漸長之後也曾在詞中自問：「今年何事最宜？」五十歲了需要四個人生禮物。

▼有時間：人生是光陰組成，沒有它就沒有一切，時間不該放在牆上，要放回手上，這樣方可有空仰望星天，恬淡生活，啜飲一杯茶，吻風親雨更得閒情。

▼要運動：身體是自己的，誰也幫不了，沒有魔法、沒有神功，最好的一種叫做堅持運動；慢跑、健走、游泳、打球、單車等沒有一樣很難，但說不，人生便難了。

▼好食慢行：什麼都能省但絕對不省吃，好食物優於便宜貨；吃得七分飽，百歲不算老，講的是留白的哲學，不要撐，吃到飽會造成腸胃負荷，真的不宜，慢一點慢一點，細嚼慢嚥更有風情。何必急？慢有時更美，太快了有時只是光影交錯，缺了快樂，慢裡才有喉韻。

▼好好休息：五十歲後最好的朋友叫周公，休息是為了走更長遠的路。晚間十一點前非睡不可，讓身體受到充分的休息，體力才能復原。

人就是人，不是超人，不偉大很平凡，做不了所有事。做不了就不做事，不做事並非偷懶什麼事都不做，而是白天是員工，黑夜當主人，用心體會錯身而過的分分秒秒。

六十歲之後呢?對淑俐來說，她在書中娓娓道來，書寫出精彩且曼妙的「第二人生」。旅行張家界的鐘乳石洞，入口不遠處有兩個石門，一個門上寫着「幸福」，另一個寫著「長壽」，遊客可擇一而入。許多人選擇了「幸福門」，一旁的老者意有所指:「長壽而不幸福是悲劇」。

這話有意思，那麼幸福但不長壽應該是「幽默劇」。淑俐在本書想說的正是幸福且長壽的「喜劇」吧!

推薦序

做一個「令人懷念的人」

戴晨志

記得年輕赴美留學時，美國同學就教我一句話：「over the hill」，什麼意思呢？就是顛峰期已過，逐漸衰退、走下坡了。

一個人過了四、五十歲，就像是走到山巔，要「越過山嶺」了，就開始要往下走了；體能、記憶、眼力、腦力……就不像年輕時候的美好、勇猛、有衝勁，生理機能也開始不如往昔，會逐漸走下坡了。

沒想到，一眨眼，我早已經過了「over the hill」的年齡，早已衝過了五十，往六十的大關邁進。

三十四歲自美返臺，在世新大學口語傳播系擔任系主任時，我就有幸與王淑俐老師認識。淑俐老師是一位美麗、認真、用心、口才流利、聲音美妙、笑口常開的老師，在課堂上也大受學生歡迎；她寫了許多書受到無數讀者的肯定。更值得一提的是——直到目前為止，每年春節我都會收到淑俐老師親筆寫來、真誠祝賀的賀年卡。

我很慚愧，春節過年時，我都沒有寫賀年卡給師長、朋友；但淑俐老師的用心、細心與誠懇，讓我十分感動，也想起一句話——成敗靠用心，輸贏靠細心。

前不久，三民書局的編輯同仁，來信告知淑俐老師即將出版最新大作《不煩歲月》，詢問我可否為此書寫一篇推薦序？我一看這個主題，是我從來不敢想、不敢寫的主題，也是我最需要學習的主題，所以就以「認真拜讀、用心學習」的想法答應了。

淑俐老師在書中告訴大家，如何健康、知足、快樂、幸福地過「下半場的人生」。退休之後，要如何規劃自己的時間、人脈、忘憂、自我控制情緒，成為一個敢於繼續完成夢想的年長者。

「脾氣來了，福氣就沒有了！」一個人上了年紀，到了退休之後，如果還一直埋怨、看不順眼、不知拓展快樂人脈，只會哀聲嘆氣……那麼，福氣就會跑掉了。

《不煩歲月》內容十分精采。其中，淑俐老師要告訴讀者們：

▼要活得久，更要活得好——要規律運動、經常閱讀、終身學習，讓大腦不失智、不失能，展現出正面的情緒。

▼要懂得訂定目標、時間管理——可以多參加社區活動、藝術活動、志工活動，走向「無齡」的概念，發展出無限可能的生命。

▼別讓自己變得消極、懶散——因為人的大腦「用則進，廢則退」；要每天保持學習的態度，發揮大腦的可塑性。

▼要有「對事物感動的敏銳度」——用眼睛看、用耳朵聽、用鼻子嗅、用手觸摸……。這個世界還有許多美好的事物，值得我們用心去感動、去觀察、去觸動。

▼繼續保有夢想，忘齡、忘憂——當然，身體健康是最重要的；只要健康許可，我們都可以忘記年齡與憂煩，繼續完成自己的渴望與夢想。

▼做個「笑臉常開、不愛生氣的人」——人老了，有了病痛，但自我情緒控制十分重要；不固執己見、不輕易發怒，避免與家人或朋友產生衝突，讓

自己活得優雅、美麗。

淑俐老師的大作，內容十分精闢、實用，我一邊閱讀、一邊筆記，也一邊學習。同時，也告訴自己，將來我年紀愈來愈大時，日子要過得快樂、優雅、自在，也期許自己能成為一個「令人懷念的人」。

自序

人生是一場「莫名」的恐慌嗎？

王淑俐

三十歲前，你可能還留戀青春、不想長大。

四十歲時，你開始懷疑「四十而不惑」，因為生活中似乎充滿困惑。

過了五十歲，你不由得慨歎：人生半百，接續的生活會否更加艱難？

六十歲之後呢？你在想什麼、做什麼？更加無助、孤單？抑或找到生命出口、展開「第二人生」？

不同年齡階段的情境與心境差異頗大；相同的是，都希望能健康和快樂。值得慶幸的是，不少人隨著年紀增長更懂得「知足」，對人生也愈來愈滿意。其實追求「健康」就夠了，健康本身就包括心理健康。比起來，心理健康的難度更大、影響更深。害怕身體退化，可以運動；若什麼都不做，當「不健康」突然降臨就會束手無策。

正確的做法是無論如何都以「心理健康」為首，追求快樂的動機能增強身體健康。「不健康」往往來自「不快樂」，兩者形成惡性循環。

能在四十歲開始準備人生下半場，是幸福的。因為沒有時間壓力，可以及早安排及調整，包括：財務、健康、人際關係、人生目標。可惜不少人以為「船到橋頭自然直」而過度樂觀。這種怕麻煩、不想傷腦筋的生活態度，其實是自私及不明智的。就算你不為自己打算，也該為家人著想！

例如「退休」，若沒有充分準備，就會發現沒有工作的日子不如想像的好；少了生活目標、朋友、收入及成就感，脾氣會愈來愈大。家人擔心卻又不知如何幫助你，給予「規勸」或「建議」，又會引起紛爭。你的不健康、不快樂，會影響到家人及下一代，家庭的氣氛將愈來愈糟。

「獨居」呢？身邊少了「嘮叨」固然省事，但更要練好身體、顧好財務、維繫朋友圈、安排生活作息。一切靠自己，仍不見得應付得來。二〇一五年，日籍作家藤田孝典所著《下流老人》一書鄭重提醒，收入極低、沒有足夠存款、沒有可依賴的人（社會性孤立），不只個人痛苦，也會造成社會莫大的損失，如：親子兩代共同崩壞、社會對高齡者不再尊重。想要足夠的收入、避免熟齡離婚、預防失智症，就要有「自我防衛政策」，如：

1. 正確了解生活保護（存款、保險、不動產、年金、收入、子女奉養金）。

2. 趁早為疾病及照護做準備。

3. 積極參與地區社會活動。

4. 重視與配偶、子女、家人和朋友等周圍的人際關係，克服人際關係的貧窮。

《不煩歲月》是一本工具書，為熟年且想要快樂的你而準備。這本書也為年輕的你而寫，希望你能幫助父母，讓他們不要成為「下流老人」，不會使你這一世代跟著崩壞。年輕而有遠見的你，也要及早儲備熟齡的生活。

當然，這本書也為我自己而寫，若我「說一套，做一套」，書中內容再豐富都不值得一讀。我必須「現身說法」，讓你「看到」我怎麼規劃未來的生活。

放心！你不必以我為「楷模」，書中有許多身經百戰、披荊斬棘的熟齡典範可以模仿，我自己也從中得到許多啟發。

目次

3 地表最強熟年世代

4 笑吟吟的人生

5 熟年憂鬱不要來

6 煩惱速速去！

9 這樣的體貼，受人歡迎

你在煩惱什麼？

唉……
退休後兒女都不常回家
一個人沒事做，好寂寞……
兩人相同年紀
兒孫跟我們生活不同啦！
我這樣單車環島也卡自在啊！

二〇〇七年，我與家人去埃及旅遊，在某個景點排隊時，後面一位同團的媽媽以「不可置信地口吻」問我：「你都沒有白髮耶！染過嗎？」她已有白髮，所以覺得我也該有白髮。我「輕鬆地」回答：「當然沒染啊！」我確實沒染，只在看到髮根轉白時，非拔之而後快！

二〇一六年，我去診所拿檢查報告時，熟識的護士「羨慕地」（正確應為「半信半疑」）問我：「你都沒有白髮耶！染過嗎？」她大概覺得我不該有一頭烏溜溜的秀髮。我立刻「爽快地」回答：「當然有染啊！」

我不否認或閃躲「銀髮」的存在，雖然自覺年輕，距離世界衛生組織定義的「銀髮族」（年滿六十五歲）還有好多年。但來不及拔掉的「銀髮」仍提醒我：該好好思考未來「如何存在」了！我準備好「面對老化」嗎？我能排除對老的「隱藏版恐懼」嗎？

熟年維特的煩惱

我從不肯說自己的真實年齡，即使別人猜中也故作鎮定。有一次，一個熟識的學生提及對我的第一印象，他說：「就像見到一位慈祥的老太太。」我震驚不已！從鏡中自認是「辣媽」，怎麼與「別人眼中的我」有這麼大的差距？除了可能是他的視力不好之外，還代表什麼？

達賴喇嘛十四世說：「要知道過去做了什麼，看看你現在的身體；要知道未來會成為什麼，聽聽你現在心裡在想什麼。」學生說我像「慈祥的老太太」，我的心裡「在想什麼」？是為「變老」而難過、煩惱、憂鬱、悲觀？或是鼓勵自己要更開朗及樂觀？蘇打綠樂團演唱〈你在煩惱什麼〉，意境十分豁達、瀟灑。但各個人生階段的人聽來，應該有截然不同的感受吧！

你在煩惱什麼

演唱：蘇打綠
作詞：吳青峰

沒有不會淡的疤，沒有不會好的傷，
沒有不會停下來的絕望，你在憂鬱什麼啊？

青壯年聽完會比較樂觀，因為不想未來沉溺在痛苦中，所以相信「不好的事終將過去」；因為還有時間消除「傷疤」，所以願意更努力。中高齡可能比較悲觀，因為力不從心，所以誇大負面事件的可怕。即使沒什麼或不算大事，也因過度擔心而困擾。

例如原本天天上下班甚至身居要職的人，退休前若沒有做好準備，少了工作目標及生活重心後，就會特別的不適應。即使是為家事忙得團團轉的家庭照顧者，子女離巢後也會感到失落、空虛，找不到自己存在的價值。於是任何風吹草動都會牽動敏感的神經，容易為小事抓狂。

熟年階段確實有許多心煩、害怕、自卑、易怒的「觸發點」，如：失去社會地位、收入減少、體能變差、慢性疾病、與社會脫節、人際疏離、家人關係改變等。如何能「處變不驚」、冷靜克服與超越？也許你還未成為銀髮族，但還是要預作準備，以免熟年時「忐忑不安」。你看過多少「不煩惱的熟年世代」？他們給你哪些啟發？

樂觀奮鬥的熟年世代

我一直「近距離接觸」熟年世代，如：我的外公外婆、單親老爸、公公婆婆、研究所的指導教授。

這些「直接觀察」讓我看到熟年世代的不同樣貌，並非都是宅在家裡、生活圈子小、無精打采、一不小心就打瞌睡，或因沒有得到足夠肯定與注意而抱怨連連。他們也可以是樂觀活潑，經常參與活動，繼續教學、著作、讀書、學習、擔任志工、操持家務，十分積極創造更燦爛的人生。

我的公公從國中英文教師退休後，除了與婆婆一起帶大我的兩個孩子外，全家也由他負責買菜及做飯。他的炒菜功夫一流，我們真有口福。他還天天練毛筆字，家中掛著多幅公公的墨寶。他喜歡閱讀（且多為英語讀物），並常和老友聚會，讓我們一點也不需要擔心他生活空虛。公公對晚輩十分體貼與尊重，是深受歡迎的爸爸與爺爺。

我的父親則屬於「超越逆境」的熟年典範。在我小學二年級時，面臨家庭破碎的困境，媽媽要離家出走時，爸爸就跟我說：「去求你媽回來！」媽媽怎麼會聽我的話？我只能可憐巴巴、力道軟弱地跟在媽媽後面說：「媽，回家啦！不要走好不好？」她還是不回頭。

爸爸並未放棄讓媽媽回心轉意的希望，知道媽媽會到某親戚的婚宴幫忙，就帶我們去吃喜酒，安排我跟弟妹上演「下跪求媽媽回家照顧我們」的戲碼。結果徒勞無功，因為她已經是「別人的媽媽」了。

為什麼媽媽要走？這中間的恩怨、對錯，不論當時或現在，都不是我能理解或評判，在此我只陳述在單親家庭成長的「感受」與「收穫」。沒錯，是很有「收穫」。體弱多病且年紀較大的爸爸，要帶大四個不到十歲的小孩非常辛苦！身為長女的我，有許多與爸爸同甘共苦的記憶，特別體會「不老爸爸」的堅強與正能量。

爸爸在我國中時常要我幫他染髮，他是想保持年輕不讓我們擔心吧！我並不覺得他老，因為他常與我們散步、談心，帶我們出去玩。他為「青春永駐」做的努力，使我們不害怕會失去他。讀大學後，爸爸開始對我「揭露」老年的孤寂與擔憂，他常說：「老了以後，我打算……」。他期望能與媽媽復合、共度晚年，但最後沒有如願。他決定再娶，希望有人陪伴與照顧，讓我們減輕負擔。七十二歲時他結婚了，「阿姨」只比我大一歲，可惜不久爸爸中風，在加護病房生死掙扎四十八天後脫離險境，但「阿姨」也悄悄辦妥離婚走了。

當年媽媽離開，爸爸沒有將我們送到育幼院，他老了我們也不會拋下他。身為醫師的弟弟將爸爸帶回家，和妻子一起照顧他，我們三姊妹則盡量多陪爸爸。二〇〇四年，八十歲的爸爸走了。在人生最後七年，他看到兒女結婚、孫兒女繞膝。他「笑口常開」的樣子，真令人欣慰！

人生不完美，爸爸很早就看開了。他不奢求、不逃避，一心一意只想養大兒女，讓我們都自立自強。這當中的汗水與淚水，他全都承擔與忍受。對於父親的角色，爸爸無可挑剔；因此我們在他的骨灰罈刻上「模範父親」四個字，表達對他無盡的感恩。

爸爸的「情緒管理」影響我甚深，雖然他的一生挫敗連連，但依舊情緒穩定且開朗樂觀。即使遭逢入獄服刑、妻子離棄、健康不佳、失業、擔負經濟重擔、子女嗷嗷待哺等困境，也不因此意志消沉，他不遷怒、不批評、不謾罵。總以笑聲掩飾嘆息、以知足代替抱怨、以主動出擊戰勝接踵的困境。他常說：四個孩子的聰明、懂事、上進，是他最大的驕傲與快樂。感謝爸爸積極營造的「美麗人生」，讓我們從人生起點不致籠罩在烏雲與悲傷中，我也「因禍得福」學到父親情緒管理的絕招。

怡然自得的熟年世代

我的指導教授賈馥茗恩師也是我仿效的熟年典範，她經歷戰亂及流亡，從河北到臺灣後，轉學考進入臺師大教育系四年級就讀。終生未婚，卻獨立自主、性情開朗。我們常想為她「分憂解勞」，但老師總不接受。她不「依賴」學生，不要我們幫她做什麼，包括吃飯時給她夾菜、帶她去超市購物等。她說：「難道你們不在，我就不吃飯、不生活了嗎？」

即使她經歷骨折、癌症等需要手術、住院、化療的重大事故，也不輕易求助，她不給人添麻煩或增加別人的心理負擔。即使病了，仍然優雅、幽默，還反過來關心我們的身體及心理。「關心身體」是指每次我們到老師家拜訪，幾乎都要叨擾老師一、兩頓飯，離開時老師還要我們「帶走」大包小包，甚至連我的公婆、兒女都有禮物。過年時，過往的學生做了許多食物給老師吃，她特別打電話要我去拿，深怕一個人來不及吃而讓食物壞了。我這個「壞學生」從沒給老師做吃的，卻常吃掉其他「好學生」做的美食。

馥茗恩師對學生的「心理關懷」，更是我們愛她的主因。我在工作或生活遇到難題時，只要向她請教，都能得到「最佳答案」或瞬間被「點醒」。她絕不因愛我們而說假話，總能以最有智慧的方式讓學生自己認錯、改過向善。她將學生當成家人，學生也視她如親人，相處起來沒有一點壓力。老師待人以誠，數十年如一日，善於鼓勵，使人積極正向。她的溫暖與身教讓人自然想要親近，學生的兒女輩都非常喜歡「賈奶奶」。

馥茗恩師的情緒管理功力堪稱一流，她從未顯現孤單寂寞的樣子，總是一派怡然自得、果斷瀟灑。馥茗恩師自六十五歲從考試院退休後，仍續擔重任，如：《教育大辭書》總編纂、總統府國策顧問、碩博士班授課與指導研究生。

她將生活安排得很好，生活作息完全正常，體力及腦力均非我們所能及。她經常外出授課、參加活動及旅遊，七十歲時開始以電腦寫作，完成近十本學術著作。辭世前十年，她獨排眾議，未選擇有膳食與醫療設施的長青公寓或養護中心，而獨居在新店的山區大樓。

熟年世代的抗壓力

經歷各種「動心忍性」的考驗，依舊能「處變不驚」，絕不是突然「頓悟」，而是從少年時期就很注重情緒管理，堅持不讓自己困在負面情緒。

我寫過好幾本「情緒管理」方面的書籍，主要是鼓勵職場新鮮人、父母、教師，增加心理「強韌度」與「抗壓力」。年輕人因為社會經驗或歷練不足，容易不耐煩、沉不住氣、情緒衝動，難做到「將心比心」、「察言觀色」，常「小不忍而亂大謀」，事後懊悔不已。

年長後雖然人生經驗或歷練豐富，較能經得起挑戰與考驗，不輕易動了情緒、壞了心情。但「熟年世代」的壓力仍不小，擔心「年齡歧視」失業或找不到工作。因外表、反應速度、學習能力衰退，覺得對社會貢獻降低因而自卑、無助、沮喪。耳邊不斷響起〈青春舞曲〉的旋律，宣告「時不我與」、難以「東山再起」。

青春舞曲

作詞：新疆民謠

太陽下山明朝依舊爬上來，
花兒謝了明年還是一樣的開。
美麗小鳥一去無影蹤，
我的青春小鳥一去不回來……

熟年世代若不增加「抗壓力」，難免被憤怒、恐慌、消沉等負面情緒吞沒，或為了掩飾不安、維護自尊而更加頑固、封閉。不僅自己不快樂，周遭的人也不想親近你。沒有家累或工作時就隨心所欲的揮霍時間，這樣的生活頂多適用於剛退休或子女初離巢，「暫時」不必與時間賽跑。但長期來說，熟年世代還是需要「時間管理」來實現夢想、充實生活、維持健康。退休的最大好處是可以恢復正常的生活作息，安排理想的一天與一生。

要避免日子渾渾噩噩，精神醫學專家保坂隆建議，擬定每天的生活計畫，設定起床、睡覺、吃飯的時間。除了例行的家事，將空檔時間填上感興趣的活動；例如散步或園藝，都是不錯的選擇。

不少熟年世代「過度樂觀」，以為退休生活必然多采多姿、兒孫繞膝，身體一直健康，不必做運動、不必健康檢查，繼續「不忌口」享受美食。然而，真實的狀況卻是：

▼工作已達頂點、沒有機會升遷，中年失業或「被迫提前退休」，使人感到不被需要、沒有價值，產生失落及恐慌的情緒。

▼身體老化而逐漸失去活力及自信，愈來愈不敢嘗試新目標。

▼兒女離巢或無心陪伴、無力奉養父母，自覺孤苦無依。

▼年輕時一心為家人打拼，放棄自己的夢想、嗜好及社交。老年後沒有朋友、休閒及目標，生活空虛、無趣。

二〇一五年，日本出版的《下流老人》一書，引起不小衝擊。「下流老人」是指一群靠著國民年金勉強度日、沒有儲蓄、沒有依靠，屬於社會底層、邊緣的老年人。書中統計，這群人竟占日本老年人口百分之二十。日本老人因為收入不足或想打發時間，許多人不敢完全退休或還需要再就業。更擔心失能時，年金及儲蓄都不敷使用。日本有完善的年金制度，還有「下流老人」的出現；以我國目前經濟衰退及年金改革種種問題的狀況，銀髮族的生活確實堪憂！「凡事豫則立，不豫則廢」，除了等待外界援助，更該「自求多福」吧！

活得久，更要活得好

熟年世代最怕「失能」與「失智」，自己受罪也拖累家人。專攻老年醫學的溫諾克醫師，因超老族（超過八十五歲）的父親罹患失智症，寫了《爸爸教我的人生功課》一書，內容專業深入、文筆真摯動人。

溫諾克醫師極力主張「以醫學延續年老病患的生命」，遭同業醫師不斷的質疑。但他相信這樣多少可給老父及其他老年病患帶來一點快樂。溫諾克醫師認為以醫學延續生命的父親是快樂的，雖然他的記憶不復存在，但仍住在熟悉的家裡，身旁有妻子陪伴，即便人生有些缺憾也無妨。縱使有一天負責照顧的母親再也無法忍受父親久病不起、無法言語，屆時勢必要做其他打算：安寧居家療護、僱請全天候二十四小時同住的看護，或安置在安養中心、失智老人中心。

溫諾克醫師自己也接近「老族」（六十五至七十四歲；七十五至八十四歲則為「老老族」），猶能為「超老族」父母著想，但他能指望子女也這麼做嗎？若他病了，子女會承諾讓他留在家裡由親人照顧，還是直接安排居家療護、全天候看護或送往安養中心？書中未提及他希望子女怎麼做，只鼓勵學生或年輕醫師多投入老年醫學行列。對於與他一起救治老年人的各科醫療夥伴，他常表達感激與敬意。

失智老人或超老族的照顧恐怕不只美國溫諾克醫師著急，也是全球共同的課題。專研失智症與老化的劉秀枝醫師表示，人的身體機能隨著年紀增長而退化是正常的，但並不一定會失智。失智症只占六十五歲以上人口百分之五。失智最好的治療是預防，以大腦退化性阿茲海默症來說，遺傳機率低於百分之五，主要的致病原因是沒有動腦子。從長期追蹤研究發現，「勤運動」也能使認知功能減少退化。

不論何種程度的運動，熟年世代需要「多運動」。至於怎樣的運動，不僅因人而異也需「專業教練」指導，這是個人及國家政策需要加強的地方。臺北醫學大學傷害防治學研究所教授林茂榮，在「二〇一二年度國家衛生研究院生物醫學學術研討會」提出：預防熟年世代跌倒的最有效方法，是打太極拳。太極拳具有平衡、耐力及肌力運動等優點，進而降低跌倒風險，讓熟年世代集中注意、強化心智。林教授強調，熟年世代應多做可以平衡、鍛練耐力及肌力的運動。不要選擇單一運動，以免肌力不足反而增加跌倒機率。我自己也練習太極拳，感謝有好老師及好朋友的督促。

臺北榮民總醫院高齡醫學中心主任陳亮恭提出，成功老化、維持功能良好，有兩個最重要的外在條件，即不失能和不失智。陳主任認為，年過四十就需要警惕自己，養成固定的運動習慣。過去常認為熟年世代只能做緩和運動，以避免傷害關節。但最新研究建議，頻繁、足量且具有足夠強度的運動方式較適合，動作稍複雜的更好。不僅可兼顧「骨本」與「肌本」，還能存滿「腦本」以預防失智。為維持良好的心智功能，平日要多做腦力活動、學習新事物，積極參與各種活動。

瓦特．賴瑞模醫師所著《活得久，活得好》一書，鼓勵熟年世代要經常閱讀、終身學習，或從事具有挑戰性的活動、傳承自己的經驗與知識。讓熟年日子維持敏銳且活躍的心智，保持自信、增進人際關係與個人成就感，能預防失智症和阿茲海默症。

流行病學博士大衛．斯諾登從一九八六年起，主持長達十五年的「修女研究」，從上百位七十四至一〇六歲修女捐贈的大腦中，獲得有關阿茲海默症的重大研究成果：

▼規律的運動，尤其是走路，可以保護你的大腦。

▼百分之十五至四十的阿茲海默症病人有憂鬱症，憂鬱症病人得阿茲海默症的風險是一般人的一・八倍。

▼從修女們的自傳研究可知，正面情緒導致長壽，使壽命增加六至九年。

▼阿茲海默症並非老化的必然結果，八十五歲以上的人百分之五十五不會得阿茲海默症。大腦損傷嚴重的修女，三分之一在生前都沒發病。

▼減少阿茲海默症的發生率，以嬰幼兒時期的語言訓練最有意思，所以要「常唸書給孩子聽！」

▼預防腦部中風可減少阿茲海默症的損傷。

大衛表示參與這項研究使他更注意自己的情緒變化、壓力反應，能有意識地在情緒爆發後盡快恢復生理平衡，努力不困在負面情緒裡。雖然偶爾還是有強烈的負面情緒，但只要把心境調整到人生較正面的部分，或回憶快樂、美好的事情，就能較平靜的看待負面情緒。

熟年世代不失智及不失能的訣竅是健身、動腦及多多表現正面情緒，為了自己、配偶、兒女及孫輩，不論你是準老族、老族、老老族、超老族、人瑞，都要為自己的熟年生涯發展「負責」。

第二次青春

即使成了婆婆，
還是能唱不同路線的歌曲呢！
高中畢業歌
性感系
niconico動畫
婆婆好美!!!
戀愛了>///<
歌超好聽
薑還是老的辣!!!
資深日本歌手：小林幸子女士

愛迪生七十五歲時，仍天天去實驗室上班。八十一歲取得第一〇三三項專利時，記者問他「何時退休？」他說：「從來沒有考慮過呢！」愛迪生一生八十五年的歲月裡，總共有一三二八項專利登記。他自訂的工作目標是：「十天發明一樣小東西，六個月發明一樣大東西。」每發明一樣新東西，好學的愛迪生都在短時間內大量閱讀相關資料，這是一般人難及的能力或精神。哥德形容這種人是不平凡的天才，他們在經歷第二屆的青春期，旁人卻只有一屆青春。

效法「先知先覺」愛迪生

距今百年前，愛迪生已懂得開發自己的潛力，度過充實的一生。而今長壽時代來臨，我們怎能虛度此生？愛迪生從未想過退休，他早就設定人生目標，老年依然有許多想完成的工作。也許我們不能像愛迪生那樣創造發明或永不退休，也要好好規劃熟年生涯。從前養兒防老的觀念，使老人可以獲得成年子女的照顧。如今人口結構改變，無法以昔日照顧子女換取老年的「被照顧」，若不及早規劃，勢必構成明日的問題。

現代對「老」或「退休」的觀念，已從撤退論轉換為成功老化論。了解時代潮流對熟年世代非常重要，要擺脫傳統觀念以免絆住子女、影響子女前途、破壞親子關係。熟年世代若不能自我突破，就難成就圓滿的人生。一味「感慨」或「憤怒」，更將「坐困愁城」、「一籌莫展」。

依內政部公布，二〇一五年國人平均壽命為八十・二歲，男性為七十七・一歲，女性是八十三・六二歲。東海大學統計系教授林正祥分析國民健康署的資料發現，六十歲民眾還可以活上二十年，卻只有九年是健康的；壽命變長，未必等於活得更健康。林教授指出，成功老化要從身體、心理、社會三層面來看，包括日常生活可以自理、心理沒有憂鬱，以及認知功能正常、沒有失智。社會層面則是多跟親友、他人互動，不要成為「孤單老人」。

面對高齡化社會及少子化的衝擊，提早照顧自己的健康才是因應之道。老化沒有辦法避免，但可設法讓「不健康時間」縮短。熟年世代的「健康」包括身心兩方面，不僅要避免生病，更要心情豁達。美國心理學家艾瑞克森於一九六〇年代提出「心理社會發展論」，將人生發展分為八階段，最後一階段為「老年期」（六十五歲以上）。有些老人能感到「完美無瑕」，回首前塵心安理得、人生「圓滿」；有些老人卻覺得「悲觀沮喪」，悔恨舊事而「遺憾絕望」。

會「變成」哪一種老人，與前一個階段「中年期」（四十五至六十五歲）的發展有關。有些中年人展現「愛心關懷」，有些卻「頹廢遲滯」。前者家庭美滿、事業成功，有愛心、責任心及義務感。後者家庭、事業均無成就，不關心別人與社會，感到生命缺少意義。艾瑞克森提醒熟年世代，從中年起就應避開「頹廢遲滯」的發展危機，以免妨礙老年期的成功發展。

熟年正面印象

若以六十五歲為退休年齡，四十五歲是熟年教育的最佳時機。此時兒女步入國、高中，有近二十年時間好好規劃，建立新的熟年觀念與形象。而今不少人在五十多歲提早退休，更應及早進行熟年生涯規劃。退休族仍有能力參與學習、投入工作或擔任志工，貢獻家庭與社會。所謂「為退休做準備」不是「被動」結束工作，等著「船到橋頭自然直」；而是「主動」安排人生目標與生活作息，避免「人生風暴」的侵襲。

劉秀枝醫師以自身經歷說明，退休是一種選擇而非被迫接受。退休後有更多時間從事自己喜歡的事，除了本身的專業，還可以嘗試其他興趣、才藝。到了熟年仍有年輕的外貌固然讓人心悅，但更重要的是健康、活力和滿足。相關研究發現，持熟年正面印象者，從疾病殘障中康復的機率較大。因為較能承受壓力、維持身體平衡，有自我勝任感及健康的生活方式。

老年精神專科醫師馬克多年臨床經驗發現，包括自己在內的一般人，對熟年世代的歧視已潛移默化，認為晚年的孤獨隱含寂寞與哀傷。他訪談在社會工作領域有重大成就的蘇菲時，八十五歲的她說：「我比我認識的大多數人都來得獨立，我比較不需要別人陪伴，因為我有我的書，還有我教的課。我不必放棄自己的老師身分，我也不覺得寂寞。」馬克醫師發現熟年世代的寂寞與哀傷並非事實，從蘇菲身上可見，她珍惜自己的孤獨與獨立，且未妨礙她與他人的連結。蘇菲有一股不受時間影響的生命力，充分顯現老化的正面形象。老化等於生命力、智慧、創造力、靈性，最後還有希望。

熟年世代不但可以繼續成長，還會更加可愛。二〇一六年金曲獎得獎歌曲〈不要放棄〉，開頭像是「找不到希望」，之後就頗能「自我激勵」：

不要放棄

演唱：舒米恩
作詞：舒米恩

天要暗的時候，
你的堅持還會有多久……
也許再前進，而路會開
希望迎面而來……
不要放棄自己（一定要相信自己）。

熟年生涯目標與時間管理

我寫過好幾本「時間管理」、「生涯規劃」的書，鼓勵大家不要停在「舒適圈」，以更寬廣的視野、善用有限時間來豐富人生。從前的生涯發展拋物線像「饅頭山」，中年時期達到顛峰，而後開始「走下坡」，退休等於全面放鬆與好好休息。然而這樣的觀念已不合時宜，會使生活愈來愈沒有希望與意義。專研高齡醫學的陳亮恭醫師說：不管政府如何因應老化社會而調整退休制度。個人生活的目標應該走向「無齡」的概念，讓自己的生活不要受到年齡數字的羈絆，可以充分善用人生歲月，發展出無限可能。

柴林斯基在《幸福退休新年代》一書提到，退休族若希望擁有充實的生活，就需要納入某種生活秩序、團體歸屬感和生存目標。如果將退休視同全面退出與放鬆，會給自己、家人甚至社會帶來負擔。柴林斯基建議了幾種方法，可建立生活秩序和規律，幫助適應退休生活，讓晚年過得更好：

▼到住家附近的大學或社區中心修課。
▼每天花三、四個鐘頭參與藝術活動。
▼每天清晨或傍晚散步一小時。
▼參加你能定期從事的團體運動。
▼創辦一份兼職事業或擔任義工。

歐美許多國家鼓勵熟年世代上大學，甚至提供學費全免的優惠，使退休後不願閒在家中的熟年世代愈來愈多。德國在二〇一五年底統計，共有一萬四千名退休族到學校進修聽課，熱門課程是哲學和歷史。在臺灣，二〇〇八年教育部啟動「樂齡學習計畫」（「樂齡」是指五十五歲以上中高齡者或退休族），許多大學或社區中心開設樂齡大學，課程應有盡有、超乎想像。對熟年世代而言，上大學不全是休閒活動或滿足求知慾；藉著「再進修」，也可增能、解放、再訓練，保持職業能力或投入新的志工角色。政府應推動志工人力銀行，發展多元服務模式，提升熟年世代參與志願服務的能量。

因為有了時間，退休後更應該有目標的過日子，實現曾經規劃的夢想。多數人在年輕時犧牲自己，為家人及生活而打拚；年老了才開始從事輕鬆的休閒活動或其他想做的事，如學習書法、繪畫、攝影等才藝或出國旅行。其實熟年世代能做的事超過一般人或自己的想像，應勇敢將個人興趣與志業結合，激發自我潛能。

想成為健康快樂的熟年世代，需要較確定及長遠的生涯目標，包括短程（一年之內）、中程（一至五年）及長程（五到十年）。正確的規劃須從「長程」開始，其次為「中程」，最後才是眼前的「短程」目標。不要盲目地把時間填滿卻沒有滿足感與成就感，勇敢地想像十年後期待中的自我形象、生活品質與夢想，再逐步推算或準備「中程目標」、「短程目標」（一年內的實際行動）。提醒自己別空想、多實踐，如：規律運動、體重管理、學習才藝或語言、增進人際關係、注重飲食、擔任志工，使生活更積極、有動力。

若從五十五歲開始規劃，每十年一次長期目標，至八十五歲就有「三輪」長程目標需要思考。這足以讓我們打造熟年的正面形象，打破「年齡歧視」。更重要的是讓自己抱持「希望」，生活充滿創造力與熱情。熟年生涯的準備也包括「轉換生命軌道」、「追夢」及「圓夢」。

例如日本著名演歌歌手及演員小林幸子，十歲就出道，專輯曾賣出二十萬張的好成績，被稱為「天才少女歌手」、「雲雀二世」。一九七九年首次參加NHK紅白歌合戰，至二〇一一年，連續出場三十三次。六十歲與唱片公司解除合約，自組公司發行新碟。她活用影音網站，嘗試多元歌唱風格，作品《茨之木》售出近三萬張，點閱率破紀錄。可見不僅年輕人要「求新求變」，熟年世代一樣可以創新，改變以前的工作或生活模式。

以我來說，一直希望能多些時間從事教學、寫作、演講、教育公益等工作，但擔任專職教授時不免要兼任行政主管而分身乏術。於是我選擇提前二十年離開專任工作，退出「全時」、「受僱」的工作型態，改為「兼職」、「自僱」的自由業。辭職前我問老父的意見，他只說：「這是你的選擇，忠於自己的選擇，別人無法改變你的選擇。」

多麼睿智的話啊！每個人都該為自己的人生負責。一般人遇到不如意時，消極、被動居多，總不相信自己「能夠」選擇，以為身不由己，不可能改變不合理的事。若不能為自己選擇，想成為怎樣的人或過怎樣的生活就變得遙不可及，只剩下「抱怨」與「失敗」。

我已辭職十多年了，不論物質與精神上皆覺得「物超所值」。踏出舒適圈並不容易，「自由工作」不僅看緣分安排，更要靠自己用心開拓。我變成了「業務員」，對於「產品」：每一篇稿子、每一本新書、每一門課、每一場演講或工作坊，都要全力以赴。務求達到專業水準，維持「來客率」及「回頭率」。為了不斷進步與創新、不讓「顧客」失望，我必須不斷改善工作「品質」。於是，工作不再只是上下班，而成為「生活」與「生命」。

以前覺得「續聘」、「有課可上」是理所當然，但經歷幾次選課人數不足、演講臨時取消、兼任教職不再等「慘狀」後，我不再覺得受人敬重是必然，更認真看待每一個機會，做一個積極進取的「熟年世代」。

有一份工作，是熟年世代的最新流行

根據聯合國定義，六十五歲以上人口在總人口超過百分之七時，稱為「高齡化國家」。二〇一〇年，全世界老年人口達百分之七・七；預估到二〇五〇年，全世界老年人口將達百分之十五・六。我國於一九九三年進入「高齡化社會」，依據國發會公布「民國一〇三至一五〇年的人口推估」，二〇一四年老年人口占百分之十二，二〇一八年提高到百分之十四，進入「高齡社會」。二〇二五年將達百分之二十，正式進入「超高齡社會」。

「潛在支持比」（青壯年照顧長輩的人數比例）若低於三，社會人口結構將失衡。臺灣人口老化速度比日本、韓國都快，老年人口的勞動參與率若不提升，以二〇一四年每六・二位青壯年負擔一位老人推估，二〇二六年每三・二位青壯年就要負擔一位老人。

其實，熟年世代可以繼續就業，如《晚退休時代》一書提到，女性與老年人口勞動參與率提高，就可大幅減輕老化效應。比起婦女勞動力，年長勞工的潛力更大，但要有不同的、更有彈性的工時安排，例如臨時性質工作或內部顧問制。可安排年長員工轉任兼職，以善用他們的豐富經驗。

曾任衛生署署長的葉金川認為，要解決超高齡社會現象，只能寄望六十五至七十四歲的「年輕銀髮族」繼續工作，或轉為較無時間限制、沒有壓力、責任較小的工作；減少依賴，減輕社會的負擔。最好的狀況是能「化被扶養人為扶養人」、「化負擔為產值」。

陳亮恭醫師主張，要有效推動「健康老化」以維持最佳身心功能，進而追求晚年期的人生幸福，就要降低失能與失智的比率，使熟年世代持續參與社會及工作。年過六十五歲，不必然是需要被照顧的老人。「維持良好的心智功能」的方法包括退休後再就業或兼職，以此獲得身心方面的滿足。奧地利、美國等歐美先進國家早已如此，德國、法國退休後兼職的比例逐漸提升。有人因為經濟上的需要，有人則認為自己還有能力貢獻己長。

二〇一五年，日本六十五歲以上長者占總人口近百分之二十七，成為全球銀髮族比率最高的國家之一，也凸顯勞動力不足的壓力。日本企業開始聘僱或留用本該退休的熟年世代，化妝品製造商P即擁有約五萬個高齡的「美容總監」，年齡在七字頭的有五千五百人、八字頭的有兩千五百人，還有兩百五十人超過九十歲。製造工具機和飛機零件的K公司，二〇〇一年起聘僱六十歲以上兼職人員負責週末和假日上班，讓公司得以維持生產線的「全年無休」，排班也更方便。

多數已開發國家的退休年齡逐漸延後為六十五至七十歲，未來還可能延至七十二歲，愈來愈多員工因而願意再接受教育訓練。不僅社會新鮮人要有學習意願及可塑性，熟年世代也不能「倚老賣老」，不持續學習就跟不上職場腳步；不放下身段學習與進步，身心狀況將快速衰退。

由二〇一三年臺灣老人狀況調查發現，五十五至六十四歲有意願繼續工作者占百分之十四，參加進修學習課程者亦有百分之八・七。勞動部銀髮人才資源中心於民國一〇三年成立，媒介不少熟年世代就業。發現重回職場的「高年級生」，普遍人際互動圓融、有耐心又任勞任怨，經驗豐富又樂於付出。所以企業界應改變觀念，多聘用高年級生，讓他們從事「勝任愉快」的工作。

陽明山的「桌子咖啡」，店員多數是六、七十歲長者。當中一位喜歡拍攝鳥類，董事長鐘世宏就讓他每天將拍攝的照片上傳臉書分享。鐘世宏發現，讓懂得生活、經歷過生活的長者來推廣生活藝術，更能展現豐富的層次。「桌子咖啡」在銀髮人才資源中心協助下，為了適合長者工作改善了流程，例如：把一份工作拆成三個時段，配合長者的作息與體能，由三位長者來分擔。

二〇一五年的電影《高年級實習生》，就是描述熟年世代成功就業的故事。劇中住在紐約市布魯克林區、年屆七十的退休男子 Ben（勞勃・狄尼洛飾演），為了重新找回生活的熱情，參與熟年世代實習計畫。電影由 Ben 的獨白開始，他說：「我的心裡有一個洞，我需要去填補它。」這道出許多長者的心聲。隨著年紀增長，不斷失去朋友、家人、工作，心被掏空之後，必須放進新的東西來填滿它。Ben 成為網路時裝店老闆 Jules（安・海瑟維飾演）的助理，他豐富的人生與工作經歷，不僅成了公司年輕同事的諮詢家，Jules 也愈來愈仰賴他的陪伴與意見。

一九四三年出生的勞勃・狄尼洛，自十歲演出至今，獲得多次奧斯卡及金球獎影帝。二〇〇三年獲頒美國電影學會終身成就獎、二〇〇九年獲頒甘迺迪中心榮譽獎、二〇一〇年獲得金球獎終身成就獎。他的表現正如電影中的正面形象，真是「影壇一老，如有一寶」。

臺灣第一位女性外科醫師林靜芸認為，「熟年世代可以是很好的上班族」。年過六十五仍繼續擔任外科醫師的她提到，傳統的外科醫師在六十歲之後視力不行、手也不穩，只能退居幕後；但現代人重視養生，眼科照護讓熟年世代也能擁有年輕人的視力。中國「肝膽外科之父」吳孟超，九十四歲依然親自主刀。臺灣顯微手術專家魏福全院士，七十歲仍經常飛到世界各國示範移植手術。其實法定退休年齡正是許多人工作能力的巔峰。國家由於經濟需要，鼓勵熟年世代繼續工作或再就業，預估臺灣將有更多熟年世代投入職場。林醫師認為，「有一份工作，是熟年世代最新的流行！」

隨著知識經濟時代來臨，提早退休或即將退休的專業工作者仍有足夠心力、豐富人脈與工作經驗。所以，適當運用熟年人力或志願服務，對社會發展與熟年世代均有助益。當然，熟年世代能否順利續留職場，與企業能否提供友善職場環境、良好職場輔導與教育訓練，有很大的關聯。要藉由政府與人力公司等強化就業媒合，熟年世代的工作權益與工作條件才能受到保障。

臺灣於民國一〇四年核定《高齡社會白皮書》，設定四大目標：一、延長熟年世代健康年數，減少失能人數；二、落實「為熟年世代找依靠」；三、減輕家庭中年輕世代照顧壓力；四、促成熟年產業發展的環境與商機。不少熟年世代沒有自信，以為不可能在工作上再創奇蹟，或因為找不到合適工作愈來愈消極與不快樂。所以政府與民間要共同建立熟年世代人力資料庫，研發熟年就業或創業模式，設置熟年創業基金或貸款，鼓勵企業留用或再聘僱熟年世代，排除熟年世代重返職場的障礙。政府也應鼓勵社會企業、非營利組織、非政府組織等一起加入熟年社會照顧體系，以「公私協力」方式讓熟年照顧變全民運動。

促進熟年世代的勞動參與，也可參考國際經驗規劃研議適齡退休與漸進式退休。鼓勵雇主根據工作者年齡與健康狀況，適度調整工作時間、內容與型態。要減緩熟年世代全面退休後角色快速轉換而造成身心負面影響，可行方式如下：減少每天上班時數，改為半天班或隔天班、假日班；依專長的專案工作或顧問職。

目前達到可退休年齡的中高齡者也要考慮：現在退休是否合適？打算工作到幾歲？可否漸進式的退休（減少工作時數）或由專職改為兼職？若從某個有給職退休後，還想從事哪些工作？是否想要實現個人理想或與志同道合者一同創業？

協助熟年就業可以「皆大歡喜」，希望臺灣公私立部門都能加快腳步。臺灣有許多傑出的熟年工作者，如：彭淮南、郭台銘、張忠謀、洪秀柱等，除了可作為學習榜樣外，也應站出來提倡與晉用熟年世代。沒有不可能的事，熟年世代千萬別先自己投降。

地表最強熟年世代

好啦！最後一部電影做完了，可以構思新作了！接下來展開與外國導演的合作……
大師您不是要退休了嗎？
太天真啦！退休才是我嶄新創作的開始呢！
大師新作！
太好了！
吉卜力

二〇一六年，我與家人去日本北海道旅遊，到了札幌市，我們特地去北海道大學看首任校長威廉的雕像，上面刻著他最為人知的名言（也是北海道大學的校訓）——"Boys, be ambitious!" 少年要胸懷大志。不只是少年，熟年世代也應「胸懷大志」，把握比年輕人更寶貴的時間，做「想做」及「能做」的事。這當中的頂尖好手、武林盟主，應該是武俠小說名家金庸。

金庸創辦《明報》，對文化與社會的貢獻，使他在臺、港、澳等地獲頒多個名譽博士學位。二〇〇五年，英國劍橋大學贈以榮譽文學博士學位。高齡八十一歲的他深感學問不夠，希望能靜心讀書，於是決定親赴劍橋大學，與一般外籍生一樣申請入學，租學生套房，成為劍橋大學專攻唐史的碩、博士生。二〇〇六年他獲得碩士學位，二〇一〇年以八十六歲高齡取得博士學位。令人驚嘆的是，二〇〇九年，金庸再以遠距方式攻讀北京大學文學博士，二〇一三年、九十歲時取得中文博士學位，堪稱「地表最強熟年世代」！

不論你目前是三十幾、四十幾或五十幾歲，一定希望熟年階段能健康、快樂、成功。有些人在退休後突然有了「領悟」，從凡人「升等」為不凡的人。除了找到自己的楷模，更期盼成為別人的榜樣。以下即以十年為一階段，從六十歲到一百歲，看看其他地表最強熟年世代，如何珍惜人生與安排生活。

六十歲！歡迎進入熟年期

法國記者及作家奧利維六十歲時被迫退休，妻子已過世多年、子女離巢，奧利維認為自己是個失敗者，孤寂到動了輕生的念頭。為了自救，他決定開始長途「健行」，一面有足夠時間細細回顧自己的人生，另一方面也可以找尋自己退休後的「生涯規劃」。

第一站他計畫走「聖地牙哥朝聖之路」，費時三個月，從法國經庇里牛斯山往西班牙，共兩千三百公里。第二站決定前往中國的「絲路之旅」，路程超過一萬兩千公里，需要三、四年的時間。他與出版社簽約，將絲路健行歷程集結成書，後來不僅書籍大賣，他也獲得好幾個文學獎項。最棒的是找到了自己退休後的使命——成立「門檻基金會」，一對一陪伴犯罪青少年以「行腳」代替入獄的感化教育。除了基金會，奧利維還嘗試許多一直想做的事，例如：蓋房子、種樹、寫作。他認為沒有計畫就形同死人，即使不能完成全部計畫，依然要有規劃。計畫能不能實現並不重要，重要的是找到生存的意義。現在他覺得每一天都太短暫了。

熟年生涯計畫應以回饋社會為主，打破傳統對熟年世代的負面形象。奧利維認為，熟年世代必須意識到自己擁有力量，應該擔起責任，走出社會囚禁他們的隔離區。憑什麼「老」就具有負面意義，而「年輕」就散發正面光芒、具備所有美德呢？

奧利維的健行給了我兩點「啟發」，第一，當我遇到生命困惑時，也可以在健行時與自己對話。目前我雖天天散步，與真正的健行還有很大的差距。於是我決定從十公里的短距離健行開始，希望有一天也能「長征」。奧利維的「獨行」利於多數人仿效，不必為了找伴而躊躇難行。

第二個啟發則是，當我為學生解惑或陪他們找尋生命答案時，除了可在一個安全的環境與他們談話，也可以陪他們健行。先以五公里起跳，讓他們在運動手腳之時也可動腦與動心，靠自己的力量打破生命僵局。最初我嘗試與學生在公園或河堤健行兼談話，目標是走到他想通為止。一個半小時後我問學生：「想通了嗎？」他立即回答：「想通了！」朋友調侃說，他應該是說：「腳痛了！」因為怕腳瘦或走到腳斷，所以「快轉」自己的想法。

退休後不要貪圖輕鬆、舒適，使自己變得消極、懶散而容易胡思亂想。一九二七年出生的腦科專家大島清，六十四歲從京都大學退休，親身驗證腦部「用進廢退」的道理。在其所著《退休革命》一書中提到，有些人到了退休，一離開工作前線馬上就開始老化，這種人都是生活環境與物質環境不錯的人。然而不再工作，光做自己喜歡的事，每天過著像夢裡似的、沒有壓力的日子。這樣的退休生活幸福嗎？如果時間不長還算幸福，可是持續下去最終就變成不幸。

大部分人與大島清的退休年齡差不多，若生活環境及條件不錯，便不再給自己壓力，選擇最輕鬆，腦力及體力負擔較輕的事情做。大島清認為持續這樣的退休生活會變成不幸，正確的態度應是，不管年紀多大，只要每天保持想要學習的態度，就能發揮大腦的可塑性。這樣的態度，就能成為維持大腦停留在年輕狀態的力量。

大島清認為，只要發揮創意、善用時間，退休後的生活，能過得比工作時還快樂。退休後他除了持續寫作、採訪、演講，還認真學習騎登山腳踏車、烹飪、小提琴、大提琴、游泳、西班牙舞，希望做個「永遠都能感動的人」——用眼睛感動、用耳朵感動、用鼻子感動，還能用觸覺感動，更進一步在腦內引起極大的感動。若覺得自己無法感動或是沒什麼可以感動，等於你沒有接收到任何能夠活化腦部的信息。

退休十多年後，年過八十的大島清出版《步行，健腦又健身！讓大腦越來越年輕的健行法》一書，他認為年長者多走路能預防老年癡呆，年輕人也可預防老化。走路不但帶來身體的良好影響，更讓心和大腦不再僵化。持續走路不只消耗卡路里、防止肌肉骨骼衰退，也讓大腦分泌腦內啡及多巴胺，使人更有自信與活力，還能幫助釋放壓力、消解煩惱、改善免疫力。

「步行」對熟年世代是最簡易可行的運動，所以我決定遵循大島清的建議，從「準熟年期」開始健行，每天走五公里，再逐漸增加。也期盼其他「年級」的朋友一起加入，為將來快樂的熟年世代做準備。二〇一六年暑假，我「大膽」

訂下暑期目標——「從新店碧潭走到淡水的河堤健行小旅行」，全長約五十公里。剛開始我一點把握也沒有，但仍勇敢地向外「放送」及「揪團」，找與我一樣的「勇者」（或瘋子）同行，但直到九月開學都沒成行。

最後我終於找到一名志願者，加上學生幫我設立「淑俐老師諮商健行團」，在出發前兩天又有兩名學生報名。出發的前一天，我半強迫、半博取同情地邀家人一起健行。當天上午十一點，我與家人到碧潭捷運站時，報名的三個學生一個都沒來，我們一家三口仍決定出發，在日正當中三十五度高溫下走了十二公里。雖然第一次健行不算成功，卻是相當寶貴的經驗，也醞釀了下一次的健行。我又走了兩次才終於走完全程。而今「健行」已是我的日常運動，每個月與家人或帶領學生、好友一起健行好幾次。

日本創立平衡療法的美野田啟二認為，正確的「健行」要跨大步伐，步距約為身高的一半；加快走路速度，約十分鐘一公里、一小時六公里；落地前腳尖朝上。盡量每天或隔天走路，每次至少三十分鐘，要認真及感到「享受」，不要太勉強。長期健行累積的效果，包括：記憶力變好、腦筋動得更快、不容易疲倦、心情更加開朗，還能預防失智症。

七十歲！繼續完成人生使命

「人生七十才開始」，專業人士更是如此。「精益求精」的工作態度，使他們永遠自認「青澀」，還有很大的進步空間，願意接受挑戰與自我突破。日本知名企業家稻盛和夫於一九三二年出生，一九九七年退休後到京都出家修行。二○一○年，日本航空破產，在政府的積極求任下，稻盛和夫以七十八歲高齡出任日航董事長。二○一一年，日航經營利潤創歷史新高；二○一二年九月重新上市，隔年三月稻盛和夫辭去日航董事職務，工作重心轉移至稻盛財團和自己主持的學堂「盛和塾」。

林懷民於一九四七年出生，是雲門舞集創辦人與藝術總監。大學時開始習舞，留學美國時正式向瑪莎・葛蘭姆拜師。二十五歲完成藝術創作碩士學位回臺創辦第一個現代舞劇團。三十六歲創辦國立臺灣藝術學院舞蹈系，並獲第一屆世界十大傑出青年獎。他的榮譽博士學位及各類獎項無數，例如：亞洲藝術家終生成就獎、麥格塞塞獎、Discovery 頻道臺灣人物誌、美國《時代雜誌》二〇〇五年亞洲英雄榜、美國舞蹈節終身成就獎、一等景星勳章等。

二〇〇五年，林懷民已安排好退休後的雲門運作，但二〇〇八年突如其來的一場大火使劇場設施全毀，林懷民和雲門不得不重新開始。二〇〇九年，雲門基金會通過《促進民間參與公共建設法》嚴密審查，與新北市政府簽約，由雲門籌募經費在一．五公頃的中央廣播電臺舊址興建雲門劇場。二〇一五年四月二十四日劇場開幕，這是臺灣第一個由民間捐款建造，也是華人世界第一個以表演藝術為核心的創意園地。由於各方面經營都相當困難，林懷民完全沒有休息時間。他雖常說自己老了、要退休了，但雲門還是少不了他。

二〇一五年，陳美惠修女獲得個人醫療奉獻獎。年屆七十的她，秉持著「哪裡有需要，就往哪裡去」的信念，關懷山區民眾的醫療、營造熟年友善環境。陳修女生長在天主教家庭，嘉義女中畢業後加入天主教中華聖母傳教修女會。大學畢業派遣到嘉義崇仁護校擔任教師及教務主任，看到阿里山醫療資源嚴重不足，決心改善偏鄉就醫環境，創立番路鄉「聖光診所」及「阿里山醫療站」，降低各種慢性病的罹患比例。

陳修女五十歲時赴美攻讀醫療管理碩士，學成歸國接任天主教聖馬爾定醫院院長。二〇〇七年創立中華聖母基金會，服侍身心障礙者、高風險家庭、中輟生及獨居長者。因為她無私貢獻、關懷弱勢，獲頒教育部社教公益獎。陳修女總是掛滿笑容，親切關懷每位員工、病患與家屬，完全看不出年齡的痕跡。

川華汽車工業公司董事長林啟同，出身貧寒，小學畢業從修車黑手做起，三十歲事業就上了軌道。他體認到科技變化之快速，所以決定重拾書本，以增強自己的競爭力。從國中、高中夜間補校一路讀到二技、碩士班，七十三歲取得中正大學機械所博士學位。林啟同就讀博士班七年期間，每天超過凌晨兩點才睡覺。他認為如果不跟著時代改變，馬上會被淘汰。從事汽車修護的林啟同因擔任國家汽車事故鑑定委員等要職，深切感受到不斷學習、向上提升的重要。

個人醫療奉獻獎得主、七十六歲的王永文，是偏鄉孩子口中的「牙醫爺爺」。身為澎湖人的他，中山醫學大學牙醫系畢業後原計畫在臺北開業，因為恩師的一句「澎湖需要你！」毅然決定返鄉，成為首位在地人牙醫師，開業至今五十年。王永文長期為故鄉投注心力，還每月自掏腰包搭機到臺灣本島的偏鄉小學義診。每年再安排兩次海外義診團，到柬埔寨的偏鄉服務。他把診療間搬進學校，自費二十多萬元購買牙科診療椅。開業收入大多被義診開支抵消了，但他甘之如飴，堅信能感動自己的事，才能真正感動他人。「歡喜做，甘願受」，只要體力還行，他就會繼續做下去。

提到「停不下來」，當然少不了日本動畫大師宮崎駿。他成立的「吉卜力工作室」，於二〇一六年九月發表新作《紅色海龜》，這是動畫大師多次宣告退休又復出的首次跨國作品。可以預料的是，宮崎駿還會有下一次的隱退及又復出的作品，他的創意與體力似乎永遠用不完！

對上述這些有使命感的人，七十歲不是放下工作的時候。即使暫時放下，別人也會委以重任，他們也不負所託。因為他們不僅有足夠工作經驗與智慧，而且態度謙卑、做事不含糊，當然事半功倍、效能更高。

八十歲！凡事自己動手做

一九三〇年出生的孫越，即便高齡仍活躍於臺灣演藝圈。二〇一五年他主持好消息頻道的「孫叔唱副歌」節目，從想法到節目型態、主題、場景、臺詞、節目名稱，都親自擬定，享受凡事自己動手的樂趣。對一位心臟裝了四個支架、雙腿換過人工膝關節、重聽、患有慢性阻塞性肺病的病患而言，身體和年齡的限制都阻止不了他繼續發揮生命影響力的熱情。「副歌，是一首曲子最精彩的部分」，就像現在的孫越，充實而快樂，做自己覺得有意義的事，並樂於與他人分享。

孫越面對老化、疾病的態度是，只要轉個心情，人生就會不一樣。他說：「我換過膝關節，看到階梯時，我不是嘆息，而是選擇唱著歌、拾級而上。」他發現很多熟年世代不願走出去，他想鼓勵這些人重新整理自己的人生。孫越經常跑醫院，自知是個不健康的熟年世代，仍覺得日子過得平安、充實。每天睜開眼睛就心懷感激，因為還有時間可以做事。

從「孫叔」身上我們學到，年老後最重要的不只是身體健康，而是持續的快樂。我們無法避免身體不生病，但一定要保持快樂。所以「成功老化」的重要功課是不論身體是否健康，都要學會接受它，並努力讓生活過得充實而快樂。

一九三六年出生、馬來西亞華僑的湯靜蓮修女，畢業於新加坡大學社工系，她擁有多國承認的社工師證照，曾任新加坡與吉隆坡善牧中途學校校長十餘年。一九八八年創辦臺灣善牧服務事業，成立臺北市及全國性「天主教善牧社會福利基金會」，擔任執行長至二〇一三年（現任天主教善牧基金會顧問）。她始終心繫不幸青年，近年服務對象延伸至受虐新移民，她的一生均為弱勢者付出。

二〇一四年，善牧基金會費時三年完成《生命的圓圈》紀錄片，這是臺灣首部敘述未婚小媽媽、收養家庭及尋親者真實故事的影片。善牧基金會在臺南有一個安置待產未婚小媽媽的「寧心園」，以及照顧未婚小媽媽無法撫養或原生家庭無法照顧之嬰兒的「臺南嬰兒之家」，並有收、出養的媒合服務。如果沒有善牧基金會，未婚媽媽及她們寶寶的命運，將會多麼悲慘啊！

一九三一年出生的陳綢，是個響叮噹的傳奇人物。三十八歲時一場重病，讓原本平凡的家庭主婦從此改變。罹患大腸癌的她，在人生最絕望的時刻向菩薩祈求，發願終生茹素行善，結果病情奇蹟似受到控制，從此她走上行善救世之路。賣土地、房子來興建廟宇，讓鎮民有信仰與心靈寄託。又將服務觸角擴大到青少年，她親自上山摘野菜義賣籌措資金，許多到廟裡參拜的信徒也協助她一起做善事。無數學子在她的贊助下得以繼續升學，也救濟了許多貧困的家庭。

陳綢將準備養老的土地捐給南投家扶中心，再捐六百多萬元興建「陳綢青少年教育園地」。一九九九年園區落成後陳綢在此當義工，和孩子們一起生活。她引領過上百個少年重返正途，她喚這些孩子「阿孫」，孩子們稱呼她「阿嬤」。她認為「言教不如身教」，親自帶頭奉獻做公益，即便賣光家產也覺得值得。罹癌四十多年歷經大小手術及化療二百多次，只能吃絞成汁的飯菜，但她仍心懷感激，因為有這麼多人的關心及合力付出，讓她的心願能有一點成績。

陳綢和孫越雖然身體不好，卻非常願意幫助比自己更不幸的人。即便我們無法捐款或做不了那麼多事，也可以練習「付出」，有錢出錢、有力出力，慢慢就能體會「施比受更有福」的滿足。

九十歲！永不退休

五十或六十歲已有不少人自認記憶衰退、腦筋轉得慢，若願意進修、取得學位已令人十分敬佩；何況是到了八十、九十歲還攻讀碩、博士學位，絕對是「超人」等級。曾任日月潭國小校長的熊智銳，八十六歲考取研究所碩專班，上課從不遲到、早退。九十歲還繼續攻讀中文所博士班，著實令人佩服。

九十歲以上能自食其力或實現夢想的勇者還不少，例如九十三歲的王正義，他每天騎二十多公里三輪車叫賣叭噗冰淇淋，持續六十年。王正義國小畢業後就外出做生意，賣過無數小吃美食。艱苦的叫賣生活養成他不怕苦的個性，即使氣溫超過三十度，仍在上午七點出門工作，直到天黑才回家。因為怕客人吃膩，王正義勤換地點，有時到新莊、板橋，有時到萬華、臺大、師大，一天要騎二、三十公里。

九十六歲的林能火在臺北市迪化街開理髮店已超過七十年，而且全年無休。

他也沒想過退休，要一直做到眼睛看不見、剃刀拿不動為止。林能火住在理髮廳的小閣樓裡，是大同區最年長的獨居長者。

一九二六年出生的國寶級舞蹈教育家李彩娥，於二〇一五年獲得教育部藝術教育貢獻獎。李彩娥表示，她不擅於言詞表達，但透過舞蹈可以自在做自己、找到自信。幼時她隨父親赴日進入舞蹈專科學校，一九四二年奪得第一屆全日本舞蹈比賽少年組冠軍。她創辦李彩娥舞團，在高雄推廣舞蹈超過六十年，從事現代舞重建、芭蕾舞及中華民族舞蹈創作等。

一百歲！忘齡、忘憂

誰能不在乎年齡、不怕老？一九一四年出生、超過一百歲的日本女攝影家笹本恒子認為，不管你幾歲，如果老想著「我都這個年紀了……」就完蛋了！她稱自己想做的事還一大堆，根本沒時間想年紀的問題。就算有人問起，她還是回答：「我沒有年紀！」她的一生就是不斷地突破年齡的限制或對抗外在的年齡歧視。

二十五歲時笹本恒子決定成為日本「第一個」女性攝影記者。婚後因無法兼顧家庭和工作，她選擇離婚，全心投入攝影報導。五十二歲再婚，改行進入鮮花、珠寶設計行業。七十一歲重啟攝影生涯，利用六年時間環遊全日本，拍攝一百位明治時期出生的女性。九十七歲因摔倒而昏迷二十二小時，醫生判定「很難再站起來了」，她卻憑著「我還有很多想做的事」的信念積極復健。「如果沒有夢想，人生就結束了！」二〇一一年，她出版了自傳《九十七歲的好奇心女孩》，還舉辦多次攝影個展。二〇一四年，一百歲的笹本恒子因穿著的創意與品味，獲得「最會穿搭特別獎」。

笹本恒子如此愛惜形象、珍惜人生，使我們獲得不少啟發而振作精神！我想效法她的「穿搭術」，不因年齡增長而捨棄時尚與風格。每天多用心思在穿著打扮上使自己更有精神，讓別人被你吸引而更想親近你。我是個大學老師，要努力表現青春、活潑、開朗的一面。笹本恒子的「忘齡術」是突破年齡限制的最佳態度，值得好好模仿。我們應向笹本恒子看齊，一生都設立值得追求與挑戰的目標。

笑吟吟的人生

am.11:00
今天又晚起了，
退休後一天的時間變得好長，
兒女都離家了，
一直去找他們，
也會嫌我煩吧！
爸、我工作很忙
您要不要找其他事情做？
沒有工作的我
根本是個老頭，
不能指望這個社會敬老尊賢，
退休並沒有想像的快樂啊！

二〇一五年的電影《腦筋急轉彎》，是一部對情緒描述精準、正向且極富趣味及創意的好片。上映後獲得不少殊榮，包括英國電影學院獎、金球獎、評論家選擇獎、安妮獎、衛星獎及奧斯卡最佳動畫片獎。

誰能夠永遠快樂？

片中主角是五個擬人化的情緒：樂樂、憂憂、怒怒、厭厭和驚驚，他們住在萊莉的大腦總部，掌管萊莉的喜怒哀樂，以「樂樂」為領袖。

十一歲的萊莉因父親的新工作而從明尼蘇達州搬到舊金山，搬家及適應對萊莉來說並不容易，諸多不順利的事如：傢俱沒有及時送達而要睡地板、父母為種種小事爭吵、對新學校適應不良、放棄她最愛的曲棍球運動及思念故鄉老友等。現實與理想的巨大落差，使得萊莉的心情愈來愈糟。

萊莉的大腦總部因此變得不平靜，「憂憂」不斷觸摸萊莉的記憶水晶球，使記憶由快樂轉為悲傷。「樂樂」為了避免萊莉難過，只好拼命防堵「憂憂」接近水晶球，但一個不小心，「樂樂」和「憂憂」帶著五顆最重要的「核心記憶」水晶球，一起被輸送管抽出大腦總部，送往迷宮般的長期記憶區。留在大腦總部的「怒怒」、「厭厭」和「驚驚」，只好接掌原本「樂樂」的職責，努力維持萊莉的快樂心情，但最後都宣告失敗。使得萊莉與父母、同學嚴重疏離，甚至離家出走，想回故鄉尋找原有的快樂。

「樂樂」著急地帶著「憂憂」追趕能返回大腦總部的思路列車，但「樂樂」發現，如果「憂憂」同行，核心記憶球會由快樂轉為憂傷，於是她想拋下「憂憂」獨自回去。然而歷經波折掉入記憶垃圾場深淵的「樂樂」終於明白，「憂憂」是不可或缺的，在萊莉傷心且需要別人了解與安慰時，「憂憂」就能使身邊的人產生同理心。所以「樂樂」決定帶「憂憂」回到大腦總部，且將這次扭轉情勢的控制權交給「憂憂」。

「憂憂」引發了萊莉回家的動機，促使萊莉向父母坦白自己情緒轉變及不快樂的原因。獲得父母的同情和體諒後，一家人重回昔日的快樂，萊莉的大腦再度正常運作。從此大腦總部不再僅由「樂樂」主導，而是多種情緒「共治」。這使萊莉的情緒感受更豐富、表達更真實，沒有任何情緒被壓抑、貶低或否定。

導演達克特童年時有類似的經驗，他們舉家從美國遷往丹麥。其他孩子對運動較感興趣，他卻經常獨坐一隅繪畫。當達克特發現他十一歲的女兒艾莉也有類似的羞怯時，他深感不安，於是想像若由情緒主導人類大腦，可能會發生什麼事情？他想透過動畫將這些想像體現出來。達克特諮詢過許多心理學家，發現人類的情緒對於人際關係有很重要的影響。

原來，情緒有這麼多樣貌

情緒是天生的本能，最初為「基本情緒」，有三至八種，如《禮記》所說的「七情」：喜、怒、哀、懼、愛、惡、欲。法國哲學家笛卡爾提出六種基本情緒：愛、恨、欲、喜、哀、羨；荷蘭哲學家史賓諾沙指出有喜、哀、欲三種基本情緒；現代心理學家湯姆金斯認為有八種基本情緒如正面積極的：好奇、驚訝、喜和負面消極的：煩惱、懼、愧、惡、怒。

幾種基本情緒同時出現就合成「複雜情緒」；幾種複雜情緒結合，就變成更難捉摸的情緒，如「厭煩」是由厭惡、煩惱與憤怒所合成，「焦慮」包含害怕、煩惱、罪惡感與好奇或羞愧，「憂鬱」融合害怕、煩惱、憤怒、屈辱與罪惡感，「敵意」則帶有憤怒、屈辱及厭惡等。

情緒分為正面及負面兩類，正面情緒令人愉快且希望擁有，例如：愛、喜、樂、羨慕、憐憫、好奇、渴望、滿足等，對人格成長及人際關係很有幫助，也能增強體力、精力，又稱「積極情緒」。負面情緒令人不愉快且希望避免，例如：怒、哀、懼、惡、欲、恨、嫉妒、自卑、羞愧、煩惱、失望、沮喪、憂鬱、焦慮、傲慢、驚訝、敵意、不安、挫折感、罪惡感等，可能影響生活品質及人際關係，降低活力與動機，又稱「消極情緒」。正面或負面情緒並非固定不變，正面情緒表現不當也可能變成負面，所謂樂極生悲、得意忘形；反之，負面情緒控制得宜也可以轉為正面，如化悲憤為力量、苦盡甘來。

《EQ》一書作者丹尼爾．高曼在新作《情緒競爭力 UP》中提到，情緒反應並不可靠，大腦中的杏仁核是憂傷、憤怒、衝動和恐懼的觸發點，杏仁核只得到粗略的訊息就立刻做出反應；常使我們過度反應，事後感到懊悔不已。因此丹尼爾力倡應好好提升個人的「EQ 或 EI」。

從人類情緒活動的相關研究發現，當我們陷入情緒失控或被痛苦支配時，右前額葉皮質區就比較活躍；當我們感覺良好、有熱忱、有活力，認為什麼事情都難不倒我們時，左前額葉皮質區就會興奮起來。由腦部活躍狀況，即可知我們的正面或負面情緒何者較多。

除了由結果看出情緒傾向外，我們能否主動創造更多的正面情緒呢？丹尼爾引用心理學家芭芭拉的團隊研究結論：過著富足人生的人，是人際關係良好，能從工作中得到滿足，或覺得人生有意義的人。他們的正面情緒與負面情緒比，至少為三比一，甚至達到五比一。

正面情緒的力量

正面情緒的數量達到負面情緒的三倍，就能創造想要的人生。會不會太簡單了？其實，看來簡單的事情往往做起來不簡單。或因為太簡單而經常被忽略。這個心理學研究結果，在我親身體驗後得到充分印證。

二〇一二年八月，我在路上騎腳踏車摔倒，導致左膝骨折打上全腳石膏，必須在家休養五十天。腳痛及行動不便使我十分沮喪，心情一天比一天低落。五十天才過了一半，我就撐不住了，擔心自己被負面情緒擊倒，於是趕緊自救，設法創造「更燦爛的時光」。我選擇以「寫日記」的方式，努力找出及增加自己的正面情緒。

倒數二十三天時我寫著：去醫院複診，醫生看著X光片笑著說：「癒合得不錯，再三週就可拆石膏，要多些耐心，才能讓骨頭長好。」是啊！教育工作何嘗不是如此，要多些耐心才能讓學生回到正軌。休息期間我保留了一場演講，「抱病前往」更具「生命教育」的效果。這些大學生對我的「殘障」頗有同理心，我也趁此提醒他們不要浪費寶貴人生。行動不便改變了我的思考與行動，要調整為「動」卻不要「過動」、「靜」也不能「過靜」的狀態。其實，行動自如時不也一樣要「動靜皆宜」嗎？

這些文字產生了「鎮定情緒」的效用，負面情緒對我的殺傷力減弱了。我繼續「實驗」，心情也逐漸由抑鬱轉向明朗。負面情緒仍然存在，但已不那麼凸顯了。到預定拆石膏的前一天，我的情緒已經正面多於負面三倍以上了。第五十天回醫院再照X光，確定骨頭完全癒合，醫生拆了石膏並宣布我可以走路了。我擔心地問：「都好了嗎？我還沒辦法走路啊！」五十天沒落地的腳踩在地上好痛！醫生只說：「痛才會好，愈痛好得愈快！」

見過大風大浪的醫師，的確比偶爾小災小難的我們正向、有氣魄，怪不得有人建議心情低落時可到醫院坐一坐，看看別人的處境、看看醫護人員如何幫助病患與家屬「消災解厄」，就能學到勇敢與樂觀。

拆掉石膏後，我繼續寫「正向日記」，改為每天記錄二十件能產生正面情緒的好事。甚至「提前寫下」想做哪些事使心情變好，「預約」或「預知」好事的發生。睡前將今天的好事記錄完畢，以免補寫時想不起來，消弱了正面情緒的效用。到目前為止，我已寫了五年多。二〇一六年將日記命名為「原力覺醒」，有喚醒、覺悟、發憤圖強的意思。唯有從內在振奮起來，才能阻擋外在干擾與橫逆。

我將二十件好事分為兩類：「給自己幸福」及「我給你幸福」；還會以紅筆記錄，代表能量指數更高。舉例如下：

▼給自己幸福：

早起

排泄佳

睡得早

吃香蕉（快樂食物第一名）

多喝水

早上做時間管理

與學生談話一小時

期末時個別學生或小組給我謝卡

快走流汗

看新書

▼我給你幸福：

與家人共進早餐

誇獎班級或小組的表現
誇獎個別學生的表現
打電話告知家長其子女的優異表現（尤其是品德）
寫卡片鼓勵學生
與學生一起合唱
提前改完作業
回信給學生家長
約學生喝下午茶、談心事
轉介學生到輔導室接受諮商

「給自己幸福」的紀錄，乍看都是生活上簡單的小事，其實要做到早睡早起、排泄通暢、吃一根香蕉、多喝水、時間管理、運動流汗、注重穿著打扮、閱讀等並不容易。許多人「知道」該早睡早起、多運動、避免便祕、多讀書，但能「實踐」的卻是少數。這些小事的價值無敵，可以「小兵立大功」。以注重穿著來說，能使自己及別人的心情都振奮起來。

至於早睡早起、規律運動，可不算小事！對我來說，至少是中長程目標，花了好長時間還沒辦法完全做到。「早睡早起」是指晚上十點上床，早上五點起床。對！可以稱為「神人」（在日本稱為「晨型人」），是許多成功人士的基本功。「早起」才有充裕時間做到「一日之計在於晨」，在沒有「時間壓力」之下好好盥洗、吃早餐、妝扮、上廁所、運動、閱讀、進修等。「早睡」才能精力充沛，維持一整天的高效率。

「給自己幸福」除了外在部分，更可從內在愛自己。《心境，決定你的處境》一書作者何權峰，建議下列愛自己的方法：接受自己的缺點、停止自責；不盲目與別人相比、不迎合；做自己、為自己負責、自給自足；對自己好一點、相信自己值得等。很多時候我們沒有安全感、沒有自信、憂心忡忡，都是因為不懂得愛自己或不夠愛自己，才會言行失措或多做多錯。愛自己是一輩子做不完、做不夠的功課，當我們不快樂時，可能如丁噹所唱〈只是不夠愛自己〉：

不夠愛自己

也許只是不夠愛自己，
才一再而再勉強自己……
如果只是不夠愛自己，
又何苦跟回憶過不去……

演唱：丁噹
作詞：葛大為

「我給你幸福」的做法如：與家人共餐、為家人做飯、與親友談心、多鼓勵與關心別人等，提醒自己要天天為別人付出，多給別人誇獎、賞識、機會、陪伴、實質幫助、希望、祝福、驚喜、禮物等。你希望別人怎麼待你，就要先同樣對待別人。如果別人對你很好，也可寫在這個部分，因為你是對別人有足夠的付出與貢獻後，別人才會給你「回報」。「己立立人，己達達人」，形成愛的循環而回到自己身上。到了熟年階段有足夠能力及經驗幫助別人，更要多照顧晚輩、回饋社會。

寫日記的小技巧讓我獲益無窮，也盼望熟年世代能以人生智慧來落實這個定律，使自己每天都感到幸福，同時給別人更多幸福。

一般人聽到我推薦這類日記，都有個疑問：「為什麼不記錄負面情緒呢？」我篤定地回答：「負面情緒不必記錄」，壞心情不必鼓勵也會自動出現，好心情就像隱藏起來的寶石，必須努力開採。所以我們要抓住與珍惜好事，發揮創意以開發正面情緒。

唱出好心情

作家威爾・鮑溫認為唱歌或聽歌對改變情緒的效果顯著，只是要選擇正確的歌曲。多項研究也證實，聆聽正面的歌詞能使正面情緒增加；聆聽抑鬱悲觀的歌詞會帶來負面的影響。

二〇一六年，我的暑期目標之一是背熟一百首歌。我影印或謄寫了一百首，整個暑假一有空就跟著MV學習、經常哼哼唱唱，學生都說「好酷」。重點是要多唱正面的歌，對於負面的歌則要「化悲憤為力量」及「見不賢而內自省」，不要被它「催眠」，如〈金包銀〉：

金包銀

演唱：蔡秋鳳
作詞：蔡振南

別人的性命是框金又包銀，
阮的性命不值錢。
別人呀若開嘴是金言玉語，
阮若是加講話，啥咪就出代誌……

這首歌的詞曲創作者蔡振南，是一位很有深度的演員、歌手與作曲家。他出生於嘉義新港，小學畢業即四處打零工。後來瞞著父親辭去學徒的工作，跑去歌舞團擔任吉他手。因為體重過輕只服役二十九天，除役後在臺中開設製帽工廠，事業逐漸上軌道才開始提筆創作。

蔡振南得獎紀錄亮眼，電影方面如：《多桑》獲得希臘鐵薩隆尼基影展最佳男主角、《老徐的完結篇》榮獲臺北電影節最佳男配角、《眼淚》獲得羅馬電影節亞洲電影展最佳男主角。歌曲方面：《多桑》的主題曲獲得金馬獎最佳電影歌曲，獲得金曲獎「最佳方言男演唱人獎」、「最佳唱片製作人獎」、「最佳專輯」、「最佳作詞人獎」。經典歌曲如：〈心事誰人知〉、〈流浪之歌〉、〈空笑夢〉、〈母親的名叫臺灣〉、〈一隻鳥仔哮啾啾〉、〈花若離枝〉。他還拍過無數電視劇，角色刻畫如同他的詞曲創作，都非常真實、深刻。

他的人生體驗比同齡者豐富，所以能創作出〈金包銀〉這樣的歌曲，生動點出小人物的哀怨心聲，感慨社會的不公平。蔡振南雖發出「不平之鳴」，但並非只是忍耐、宿命、憤恨、自暴自棄，他很努力地突破這些社會壓制，以實力證明成功並不一定要有顯赫的家庭背景或傲人的學歷。

活得好優雅

熟年階段能否「活得優雅」，與個人的情緒控管密切相關。「活得優雅」意指不露出負面感情，處世圓熟而不給家人及周圍帶來困擾。活得優雅並非一朝一夕可以達成，要從年輕時就持續進行情緒管理。對於會擾亂心情、動搖精神的怒氣，能認真地加以思考。

「活得優雅」的人，不會任性、幼稚、只顧宣洩自己情緒，而會考慮可能對別人造成的傷害。若想要「活得優雅」，就得多培養下列各項習慣。

▼輕聲細語，不大聲說話。
▼和顏悅色，不疾言厲色。
▼有足夠的紓壓管道，不累積負面情緒。
▼願意接納別人的建議，不固執己見。
▼轉移注意力、給人臺階下，避免直接的人際衝突。

▼不輕易發怒，能自我安撫與安撫他人的情緒。

孔子所說「七十，而從心所欲不踰矩」，這就是「情緒管理」。不要誤解孔子「從心所欲」的意思，而變得粗魯無禮、隨性而發。這種經常「踰矩」的銀髮族，若非疾病，就是情緒管理不佳而扭曲了性格，使人只想躲開。

與其被讚美年輕、美麗，我更希望被認為「非常優雅」。這是指他們知道我努力維持形象，所以總括以「優雅」來形容。

熟年憂鬱不要來

老張最近好難約啊！退休了就一直待在家裡不太好吧！難得來一次聚餐，一直喝悶酒……
聽說他變得暴躁又難以相處……我們也別總喝酒了！邀他去參加一些社團或做志工吧！
兒女都不理我，社會也不需要我，一個人好無聊。

多愁善感或經常憂傷就等於「憂鬱症」嗎？
年紀愈大，愈沒有安全感嗎？
熟年憂鬱與情緒管理有關嗎？
年輕時如果較開朗，就不容易產生熟年憂鬱嗎？
到了熟年，就是比較容易擔心或憂鬱嗎？

你憂鬱了嗎？

在「心理輔導」課程上，常有學生問我，有某些症狀是否即為憂鬱症？但接著又笑自己「想太多」，也許那些情緒反應很正常，不必「窮緊張」。但「逃避」等於沒事嗎？好比一些中高齡者早有高血壓症狀，卻自我催眠「沒有問題」，遲遲不肯接受治療。結果不僅喪失使血壓恢復正常的機會，等到無法掩飾時，往往治療效果不佳或進步十分緩慢。

我在大學從事心理輔導工作，常遇到這種逃避問題的現象。某些學生憂鬱症發作時，家長多半選擇否認，將發病的責任推給學校。對學生進行輔導時發現，多半的人在國高中就已有憂鬱狀況。有些人怕父母、同學知道而極力隱瞞，因此錯失治療良機。有些人則在告訴父母後，被要求不能說出去，以免被貼標籤、影響未來前途。結果使個案的壓力更大、病情加重，還可能產生自殺危機。我遇過一位家長，在多年後終於接受孩子生病的事實，傷心地說：「我誤了孩子十年的黃金歲月，如果及早治療，就不至於全家都這麼痛苦，最可憐的還是孩子！」

到底怎樣才算憂鬱症？依據《精神疾病診斷手冊第五版》的標準，「鬱症」是指在兩週內，下列症狀出現五種以上，且至少包括憂鬱心情或失去興趣或愉悅感等症狀。

▼幾乎整天且每天心情憂鬱。

▼幾乎整天且每天明顯對所有活動降低興趣或愉悅感。

▼體重明顯減輕或增加（一個月內體重變化超過百分之五）。

▼幾乎每天都失眠或嗜眠。

▼幾乎每天精神動作激動或遲緩。

▼幾乎每天疲倦或無精打采。

▼幾乎每天自我感到「無價值感」，或者有過度或不恰當的罪惡感。

▼幾乎每天思考能力或專注力降低，或是猶豫不決。

▼反覆想到死亡、有自殺意念而無具體計畫；或有自殺舉動、有具體的自殺計畫。

憂鬱症不是暫時的情緒低落，也不是個人的軟弱或懦弱，無法僅靠希望和意志力來克服。若不治療，症狀可持續數週、數月甚至數年。即使是輕鬱症仍會使人逃避現實、躲開人群，無法發揮自我功能。有些憂鬱症患者害怕與人接觸，對家人疏離甚至離家出走。但多數患者對人很依賴，一開始家人還極力安慰、同情，在患者情況加重後家人也心有餘而力不足。加上患者暴躁易怒、生悶氣、好惡分明、忍耐不住等，容易與家人發生衝突，這些都會耗損親情。所以家中有憂鬱症患者，家屬最好參加支持團體或成長課程，例如：財團法人董氏基金會、臺灣憂鬱症防治協會、中華民國肯愛社會協會等舉辦的活動，以提升助人技巧與情緒承受程度。

與憂鬱症接近且易於混淆的是躁鬱症，躁鬱症可能由鬱症開始，半數的憂鬱症狀可能發展為躁鬱症。所以憂鬱症患者即使感覺好轉，仍需持續用藥四到九個月，以防止復發。躁鬱症或慢性憂鬱症可能終生用藥，切勿自行停藥。嚴重的躁症或鬱症必須立即住院治療，如果覺得睡眠品質變差，有躁期或鬱期症狀出現就必須趕快回診就醫，以降低復發及再次住院的機率。

笑對人生，拒絕熟年憂鬱

人生各階段都有擔憂甚至恐懼的事，熟年階段的身體機能退化、心理成就感及喜悅感減低，以及身心交互的負面影響，容易引發較強烈的憂鬱或恐懼。雲林基督教醫院歐陽文貞醫師表示，熟年世代生理老化、體力不如從前，視力、聽力、記憶力減退；肌肉關節退化造成關節僵直，產生行動不便與疼痛；心臟血管系統老化，導致高血壓及器官老化；身體疾病或開刀前的焦慮、低血鈉電解質不平衡，都容易造成熟年世代焦慮、沒安全感。也有熟年世代因憂鬱引起恐慌或焦慮，或因失智症合併焦慮症而造成不安。

退休後的角色改變，也會產生一系列心理不適應，如焦慮、抑鬱等，又稱為「角色斷裂」。退休或子女離巢後，人際交流變少，社會適應、應變能力都受到負面影響，時間長了還會使情感淡化。若加上伴侶過世，生活方式發生顯著改變，更易導致失落感，因絕望而輕生。

熟年世代發生異常情況如：食欲突然變差、生活作息不正常、不斷重提往事、看待事物多愁善感等，就可能是憂鬱症的警訊。下列「憂鬱量表」可用於健康、疾病或有中度認知障礙的熟年世代，可自我檢測。

憂鬱量表

請回想在過去一星期內，你是否曾有以下感受。

評量項目	是	否
1．基本上你對自己的生活感到滿意嗎？		
2．你是否已放棄了很多以往的活動和嗜好？		
3．你是否覺得生活空虛？		
4．你是否常常感到煩悶？		
5．你是否常常感到心情愉快呢？		
6．你是否害怕將會有不好的事情發生在你身上呢？		
7．你是否大部分時間都感到快樂呢？		
8．你是否常常感到無助？（覺得沒有人能幫自己）		
9．你是否寧願留在家，而不愛出外嘗試新鮮的事物？（例如：和家人到新餐廳吃飯）		
10．你是否覺得自己比多數人有更多記憶上的問題呢？		

11．你認為現在活著是一件好事嗎？
12．你是否覺得自己現在一無是處呢？
13．你是否感到精力充足？
14．你是否覺得自己的處境無望？
15．你覺得大部分人的境況比自己好嗎？

計分方法：第1、5、7、11、13題選「不是」者得1分；其餘選「是」者得1分。總分1～5分屬於健康狀況；6～9分屬於有輕微憂鬱傾向，須進一步評估；10分以上，需積極關懷及轉介專業單位。

自我檢測後若仍不確定，就需要就醫評估。也許情況還不嚴重，可以自我療癒。或是其他疾病造成憂鬱，如失智症也會在情緒上出現改變，如：被遺棄、被害、嫉妒等妄想。失智症因類別頗多，應盡快確診以「對症下藥」。即使確認為失智症，情緒上的憂鬱部分還是要好好照護。在此推薦一本難得的好書《趁你還記得》，是作者伊佳奇親自照護失智父親長達十二年的經驗分享。

現今社會熟年憂鬱症情況日益增加，不少長者常覺得身體不舒服，到醫院卻查不出異狀，就可能是熟年憂鬱症。國立陽明大學附設醫院劉珈倩醫師表示，輕度熟年憂鬱症狀不明顯，像是容易挫折、脾氣暴躁、睡眠品質不佳、容易作夢等；嚴重者會整天躺在床上，反應遲鈍，滿腦子都是悲觀想法。思考上比較負面，總覺得自己沒用，抱怨活著沒有意思，只是拖累家人，且認為親人都不關心、不了解他。

劉醫師說，熟年憂鬱症是可以治療的，透過心理輔導、改變生活習慣、親友的關切等，治癒率達七、八成。可惜憂鬱症常被認為是老化的自然現象，等到病況嚴重時才治療，往往花費更大心力。熟年憂鬱症的原因之一是生活習慣，熟年世代的生活作息較單調，注意力無法集中，身體機能衰退、活動力較差，做起事情比較沒有成就感。所以熟年世代要多走出戶外曬太陽，多參與社團活動或四處走走，既活動筋骨也能結交新朋友。增加生活環境的刺激，培養樂觀積極的態度。配偶或家中長輩罹患憂鬱症，要設法鼓勵並陪伴他外出活動，這樣有助於患者走出心中陰影。

對於熟年憂鬱，藥物治療只是輔助；親情及友情的陪伴，效果遠超過服藥，而解開熟年世代的心結更是重要。家人不要因病患的不適切行為而發生正面衝突或指責，以免彼此互相傷害；試著分散他們的注意力到其他活動與話題上。與長輩互動需要多一點同理心，不要一直推翻熟年世代的意見。適度當一個傾聽者，成為熟年世代宣洩壓力或溝通的好朋友。

綜合來說，熟年世代應預知或察覺可能造成不快樂的因素，設法預防及解決問題。「大事化小、小事化無」，使自己、配偶、家人都擁有快樂及不遺憾的人生。針對造成不安及憂鬱的因素，可行的突破策略如下：

▼擔心錢不夠用

退休後收入減少或沒有退休金，即可能產生經濟問題。所以何時退休、退休後還可能增加的收入、退休後的開銷等，都必須好好考量。若沒有退休金，依靠老人年金、兼職、積蓄等，更要精打細算，不可盲目地以為「船到橋頭自然直」，或過度依賴子女的奉養。

感到寂寞

若朋友變少又沒有培養其他興趣，生活就會愈來愈單調。即使退休也要多與親友互動、多參加活動（學習或志工）。更要培養多種嗜好，把它變成第二、第三專長，才有機會貢獻己力。

生活失去重心

因為家庭及社會角色改變，或過度將注意力集中在配偶及子女身上，必將感到空虛及失望。應該擁有自己的退休計畫，安排生活作息，找到人生意義，才不會一直希望得到家人的注意，產生不必要的人際摩擦。

與社會脫節

在科技及資訊發達的年代，若無法有效使用電子產品，將影響與外界的互動。熟年世代要克服相關的學習困難，善用電子科技以豐富生活、開拓視野。

▼家人關係不睦

熟年世代不論是否與子女同住，若婆媳關係不佳或家庭支持系統薄弱；同住時可能產生「寄人籬下」之感，不同住時又覺得子女不孝順、孤苦無依。這種身心不和諧的狀態，一定讓自己無法安定。所以熟年世代要學著「放手」，讓子女獨立，自己也要學習獨立。

▼身體不適

身體機能的退化或慢性疾病的控制，都會影響心情與生活品質。所以要好好配合醫囑、多多閱讀相關醫護資訊，使自己成為最好的病人，也是自己最好的醫師。

許多不快樂的熟年世代，表面上「怪東怪西」，其實是「自暴自棄」。常說：「這種年紀不管再做什麼，都沒有意義了。」必要時須由精神科醫師診斷，開立適當藥物，搭配臨床或諮商心理師的會談，以改變熟年世代不當的自我認知及思想。

家中長輩的憂鬱主要來自孤單、寂寞，唯有陪伴是最佳良藥。直接面對面地交談最好，透過電話或視訊也可以。經常聯繫會讓老人家感覺被關懷，若能與孫輩相處，熟年世代更容易忘記不愉快的記憶。

你的不安，我願意傾聽

憂鬱症的典型表現不只是絕望和無助，狀況持續或惡化，會使人感到強烈的痛苦、憤怒、輕蔑、恐懼、羞愧、厭惡、敵意等；超過個人所能控制，甚至想要自殺。衛生福利部公布的自殺死亡統計資料，六十五歲以上熟年族群一直高於其他年齡層，人數從一九九五年的四〇八人，到二〇一二年的八三五人。從二〇一二至二〇一四年的自殺死亡率來

表一：2012 至 2014 年臺灣成年各年齡層自殺死亡率之比較（單位：%）

	全國自殺死亡率	65 歲以上自殺死亡率	25 至 44 歲自殺死亡率	45 至 64 歲自殺死亡率
2012 年	13.1	32.6	18.4	20.6
2013 年	12.0	32.1	16.0	20.2
2014 年	11.8	31.3	15.8	19.9

看，熟年世代自殺死亡率為全國自殺死亡率的三倍（見表一），造成此現象的最大原因便是心理問題，也就是「熟年憂鬱」。值得注意的是，男性患者的自殺死亡率比女性高許多。男性表面的冷靜往往是情緒的壓抑，一旦想死，使用的手段也較激烈，容易成為自殺高危險群。

董氏基金會建議，若身旁憂鬱症患者有自殺意念，除了陪伴、傾聽，還要注意以下幾點：

▼尋求援助，通知他人

勿自行處理或冒險賠上自己的健康或安全，要找尋專業人員協助（精神科或身心科醫師、心理諮商師）。

▼關心同理

想自殺的人多有情緒低潮及行為退縮的徵兆，要排除自我的主觀價值及道德觀，多些關心、同理及安慰，不要批評他。

▼勿守密

當守密會影響到個人的生命安全時，守密性就被置於第二線。不要因為面子或他人異樣眼光，而不敢讓別人知道。

▼再保證，提供對他的盼望

提醒他有人可以幫助他，事情一定會變好，讓他對治療抱持希望。

再強調一點，雖然你很想幫助企圖自殺的親友，但不要給想自殺者或自己太大的壓力。親友的生命不全由你控制，盡你所能即可。不必把責任往自己身上攬，要找其他親友一起協助患者就醫。也不應過度樂觀，以為患者在情緒低谷之後會自動「反彈回升」。情緒失控的患者若得不到適當協助，只會更加退縮、無助。

憂鬱症若未得到治療，不僅自殺危機無法解除，還可能危及他人生命。也就是說，患者不珍惜自己生命的同時，也覺得周遭人的生命一樣沒有價值，於是可能造成「同歸於盡」。當熟年世代成為自殺的高危險群時，一定要盡快幫助他減緩壓力。因為，幫助一個人等於幫助一家人，甚至是幫助自己及周遭無辜的人。

熟年世代感到憂鬱時，可以嘗試找人傾訴，包括張老師、生命線等諮詢專線，讓情緒壓力鍋得到宣洩。設法及盡快讓自己動起來、走出去，使生活作息保持正常，找到可做的事及投注的目標。只要肯自我激勵、勇於學習，一定比放棄不管來得好。目前有許多精神科或身心科已單獨開設診所，應積極醫療，確定自己的狀況，才能正確地處理。

成為正向超人！

熟年世代較為憂鬱不等於罹患「憂鬱症」，但也不可過度「合理化」，以為熟年世代難免不開心。「熟年憂鬱」是應該積極防範的熟年社會心理問題，熟年期之後無法適應或接受自己衰老，產生心理抑鬱和恐懼，又不敢與他人討論恐懼老化的心情，結果更加重熟年憂鬱的症狀。

其實熟年世代也需要「心理輔導」，不論是自我療癒或接受專業輔導。要設法排除負面情緒，維持正面情緒。使心情從「臨淵履薄」的恐懼，轉為「處之泰然」的放鬆。

年長者要盡量維持正向情緒，調整自己看待事物的期望值。以寬容、務實的態度面對自己身上的各種老化徵狀。排除自卑、憂鬱、厭世、焦慮、害怕孤獨等負面情緒，不要太過固執。尤其要避免自戀、高舉自己過去的成就，這只會讓自己更沮喪（因為榮景不再）。

臨床心理學家珍妮特・貝爾絲基認為，熟年世代比較不快樂的原因之一是「撫育孩子等重大責任已成過去」，生活失去重心或自覺不被需要。快樂的熟年世代則相信「有潛力表現傳統角色以外的自己」，較能擺脫「無力感」。珍妮特認為，不要讓自己過度缺乏活力，不要只因為年齡關係就太在乎別人的看法。當身體或心理有什麼不對勁時，說服自己把「年齡」因素放在最後，不要將身體上的變化視為不能治療或無法改善。

不少人從中年起就很在意別人的眼光，總覺得自己遭受「年齡歧視」。如此一來，到了熟年階段更難不在乎別人的眼光。要接受年齡造成的器官老化，同時也要積極解決問題。生理及心理都要進行治療與預防，不要輕易放棄，以致身心疾病加劇或快速退化。即使需要子女或看護陪伴與協助，也不要全面依賴他們。不僅破壞熟年世代的身心獨立能力，也會磨損可貴的親情或其他人際關係。

獨立受到阻礙時，特別容易變得過度缺乏活力。這種障礙可能是另一個人替你做了你能做的事，或是身體、生活環境裡一些限制。例如：因為爬坡才能回家，所以就很少出門。因為無法長時間站立而無法下廚，結果使得身體狀況更壞。正確的做法是設法解決這些困擾，例如：搬到較平緩的地區居住，在廚房放張椅子可以隨時坐下休息。

斯默爾醫師在《優活：身體年齡不老的八堂課》一書提到，保持積極正面的態度，能讓我們活得更健康、更長壽。能夠正面思考的人，通常不會得憂鬱症。憂鬱症可能縮短一個人的壽命，尤其是在沒有得到適當治療的情況下。樂觀的人比較能夠及時獲得醫療協助，因為他們預期自己能夠改善或預防健康出問題。

樂觀的人較健康，是因為態度正向，所以勇於面對問題，積極尋求解決方案。反之，容易憂鬱的人，習慣逃避與隱藏問題，等到大家都看出他「生病」時，情況已惡化至難以收拾。愈有負面念頭的人，似乎愈容易生病。

丹麥研究人員檢查超過三百名年紀七十到八十五歲的志願者，發現一直沉溺在負面念頭裡的人，體內白血球數目更多；像是身體處於正在設法擊退疾病的狀態，這顯示負面情緒對健康有害。

斯默爾醫師建議，要保持積極正向的態度，可採取以下策略：

- 自覺地表現得更外向、更精力旺盛。
- 原諒自己和冤枉你的人。
- 藉由做道德選擇來建立自尊。
- 選擇一種靈性或宗教生活。
- 透過簡單、系統的方法學習樂觀。
- 把注意力放在自己的長處上，設計實際可行的目標。

▼不要老是一個人待著，尋求協助（包含專業協助）。

即使壯年時期事業成功，也不代表退休後就一切圓滿。應該更有遠見，從年輕時就有屬於自己的社團及興趣，而且以此來奉獻社會。艾瑞克森的心理社會發展階段論提到，「回饋社會」是中老年階段的重要使命。自私自利會造成孤單、寂寞，容易感到憂鬱、沮喪。為了遠離憂鬱、使生命圓滿，熟年世代應規劃與改變的事項如下：

▼學習抒壓，從事幾項休閒活動

壓力不是壞事，只是提醒你已超過個人負荷，要增強適應能力。「抒壓」對任何年齡都是必要的，銀髮族有較多時間與自由度，可以更專注於某些休閒活動，如：書畫、園藝、烹飪、手工藝、舞蹈、輕旅行等，體驗「放鬆」的妙處。

▼經濟獨立及精神獨立

財務健全及生活自理是熟年生涯最重要的事，應使自己成為理財與生活專家。養兒防老的時代已經過去，要能自我獨立，與子女以情感聯繫而不以「孝道」來壓迫。

▼經常與人互動，建立人脈

不止與家人或老友保持聯繫與相聚，還要參加新團體，認識各領域的新朋友，拓展生活圈與活動方式。藉由學習與參加某些思考人生意義的心靈成長活動或聽演講，來豐富生活。常有熟年世代被詐騙的新聞，造成他們過度擔心而對外卻步。其實只要有可靠人士引介或依自己獨立判斷，還是可以多參加社交與學習活動。

▼退休後仍應有適合自己的工作（包括志工）

即使退休，也要避免脫離現實或與時代脫節。不論從事部分時間的兼職工作，或利己利人的公益活動，既可貢獻人生智慧，又能增加收入，且與社會保持聯繫，增加經濟安全感及精神成就感，真是一舉多得！

熟年世代與失業、失敗一樣，也有缺乏自信或重建自信的問題。同樣需要累積成功經驗、學習自我肯定，才能抵擋外來的挫折。熟年世代更要學習樂觀、有活力，懂得欣賞及發揮自己的優點。當年你傳遞給子女及後輩的觀念與價值，現在就靠你努力實現。

煩惱速速去！

我最近好像都沒有跟你們好好說話，還亂發脾氣，很抱歉……你們都是怎麼安排充實的退休生活，可以教教我嗎？
那個逞強的人竟然道歉了欸！
當然可以！讓我們一起安排各種活動吧！

負面情緒會破壞身心健康，處理不好常造成巨大損失，例如：

▼悲傷、競爭、敵意、不耐煩、好指責、不滿意等情緒，會使血壓上升。

▼絕望及沮喪、性情急躁、抗壓力較差，容易罹患心臟病。

▼緊張忙碌、生活步調快、工作壓力大，容易中風。

▼緊張、焦慮、人際關係不協調，會「緊張性頭痛」。

▼長期壓力會破壞免疫系統，使關節連接處產生慢性發炎。

▼工作及心理壓力過大，會罹患肌腱肋膜炎。

▼幾乎所有腸胃系統的疾病都與情緒或心理壓力有關。

▼壓力較大會得大腸激躁症，肥胖也與壓力或自卑感密切相關。

年輕時儘管身體較好，猶不敵負面情緒的侵襲與摧殘，何況年老？所以熟年世代要加強情緒管理，用心阻擋或減輕負面情緒對身心的傷害。

小心！負面情緒的陷阱

席格醫生從得到重大疾病卻能自癒的「特殊病人」身上發現，情緒、免疫力及癌症三者間有密切的關聯。對生活感到滿意的人，通常較不會生病，重病或死亡比率是不快樂組（對生活感到澈底不滿意）的十分之一。沮喪、絕望等情緒對免疫系統的負面影響大且快，會使殘餘的、原本控制中的癌細胞再度大量增生。

負面情緒的危害那麼大，為什麼有些人不願意放掉它，仍舊每天唉聲嘆氣地過日子？這類人的言語總是負面，對事情發展的結果也悲觀。可能的原因是怕放下了所有怨氣，就必須為自己的幸福負起百分之百的責任，責怪別人總比由自己負責容易得多。但這樣的代價很大，會從「偽裝」的不快樂，變成「無法逆轉」的不再快樂。

其實，外表看來樂觀開朗的人，仍有各式各樣的煩惱與難題，只是他們選擇以不同的態度面對。他們接受自己在某些方面實在無法掌握、無能為力，然後找出可信仰的道路以求取安心，並對世事有所理解。一旦對生命或人生遭遇有了某種見解，能了解自己的天命，就不會憂心忡忡地一直想要破解種種艱難。

找回自己對情緒的主導權，不僅能控制消極情緒、不再消沉，還能接受自己的有限、承認自己的無力，不必強求要解決所有問題，生命總會自己找到出口。從此停止批判，讓自己抱持樂觀，人生的重點從「尋找錯誤」改為「尋找愛」，更能自由地好好生活與歡笑。當我們不斷付出正面、欣喜、無條件的愛，最終一定能達到原先想要的目標。《心境，決定你的處境》一書提到，只要有愛，正面情緒就會自動顯現。你不必試著擺脫負面情緒，因為所有的負面情緒都是缺乏愛。當你把愛放進去，憤怒和嫉妒就會消失。

若能及時調整、及早醒悟，「回到愛」即可治療疾病、恢復快樂。但多數人「不見棺材不掉淚」，不到最後一刻不肯改變。一輩子都好批判、挑剔，時常以受害者自居，感受不到一點歡笑與愛，多麼可惜啊！千萬不要等到死神叩門，才驚覺自己的錯誤！健康的時候就要努力把自己變成尋找愛、會微笑的人。生病時更要保持正面情緒，積極尋求減輕身心不適的方法。

我們對周遭的人也要多盡一分心力，關心那些好批判、挑剔的人，「推動」他們改變，使大家一起歡笑。「自我負責」不僅是有為的年輕人需要具備的態度，更是有修養的熟年世代應有的風範。否則不僅自己受苦，也傷害了周遭的親人。熟年世代要寬心、豁達，不執著於別人對你的傷害，應多關心與協助他人。

跟負面情緒說再見

情緒的控制不等於壓抑，尤其是對負面情緒。負面情緒雖然使人痛苦，別人也不愛看我們愁眉苦臉、拉長臉的樣子，但仍屬於我們的感受，有其存在的意義與價值。要勇敢面對、理性處理，如果改善後仍不滿意，就要接受它，學習與「不能改變的事實」共存。如果選擇逃避、拒絕、拖延，只會衍生更大的問題。

負面情緒通常是「結果」而不是「原因」，一味禁止、否認或強行壓抑，其實是不負責任的做法，久之會使自己麻痺，不能察覺到自己身處負面情緒當中。

於是負面情緒如入無人之境，造成自己愈來愈緊張、害怕、自卑、消沉與生氣，直接或間接地戕害身心健康、人際關係、個人表現。對待負面情緒的正確態度應該是：

▼檢討或消除引發負面情緒的「刺激」

刺激不僅是外在事件，更在你對此事件的解讀。任何事情都有一體兩面，你要聚焦於損失、陰影抑或多看收穫與光明？不同的選擇，就會形成完全不同的結果。

▼抒解不舒服的感覺

要在壓力不大時便開始抒解，不能累積以致情緒崩潰。平時可經由休閒活動、解決小問題、正面思考等方式，養成良好的抒壓習慣，就不會經常覺得壓力好大、不知如何是好。

▼從事其他具有建設性的工作

不要坐以待斃或顧影自憐，可做一些事情來挽救局面或轉移注意力，例如：想發脾氣時出去散個步、健行，或從事簡易的家事、閱讀好書。找朋友聊聊也不錯，經由腦力激盪或「開示」，可能發現從前忽略的線索或道路。

▼以正面情緒取代

不要敵視負面情緒，將它轉化為並肩作戰的朋友。以正面言語及表情面對不好的事情，將噁心、恐怖、倒楣、受不了、萬一、怎麼辦、沒辦法、都是你害的、但是、糟了、我不會、不可能、我痛恨、氣死人等，轉換成我相信、我真幸運、我會努力、機會來了、我來想辦法、我喜歡、危機就是轉機、真感激。

想要控管不合適的情緒，就要學著「面對」不喜歡的人、事、物，試著轉化成有趣、喜歡、有收穫。可惜人們大都不肯讓步或自我修正，結果弄成雙輸的局面。熟年世代與親密的家人、伴侶相處時尤其要注意，若不考慮對方的感受而隨意說話，不管事後如何彌補仍會留下人際裂痕。即便是老夫老妻，盛怒下所說的話仍會使對方反彈、漸行漸遠，甚至走到離婚的局面。親子關係、婆媳關係亦然，不能倚老賣老、任性與急躁，以致影響兒女的婚姻及與兒孫的感情。

壓抑情緒還有一個嚴重影響，不僅限制了負面情緒，同時也減少正面情緒，使自己「人在福中不知福」，很難覺得滿足或滿意。對人變得不能察言觀色、感同身受，無法與人建立親密關係。或可能與人「面和心不和」，不敢說出真心話，造成不必要的人際隔閡，錯過解決人際衝突的好時機。其實，不管是負面或正面情緒，感覺遲鈍都不是件好事。情緒表達要合乎中庸之道，完全表露可能流於主觀而造成別人不悅。即使是正面情緒也需要調節與控制，以免過猶不及、樂極生悲，把自己的快樂建築在別人的痛苦上。

不動怒的好修養

發怒就是發脾氣，脾氣的影響很大，許多名人都曾提出相關見解，如：證嚴法師說：「心地再好，嘴巴、脾氣不好，仍不算好人。」德雷莎修女說：「人最大的缺點就是壞脾氣。」泰國傳奇人物白龍王說：「要決定前途好不好、事事好不好，最重要的是要有好脾氣。」《聖經》箴言：「不輕易發怒的大有聰明，性情暴躁的大顯愚妄。」「暴怒的人挑起爭端，忍怒的人止息紛爭。」

亂發脾氣或愛生氣，不是小毛病。證嚴法師認為只要脾氣不好，就不算是好人。其實，只要稍微「緩一緩」，就比較不會發怒或攻擊他人，如《聖經》所說「快快地聽、慢慢地說、慢慢地發怒」。能不輕易發怒、忍住怒氣，就是「有智慧」的人。

雖然我們難免生氣，偶爾也會和人吵架，但不能變成愛生氣、經常與人爭執。我們都知道和諧的重要，所以願意採納別人的看法。對熟年世代來說，就算年紀大、經驗豐富或曾擔任過高官、要職，也不等於別人都得對你畢恭畢敬、言聽計從。熟年世代仍有許多不知道的事，應以開放的態度與人相處，不要變成高權威、封閉型的固執老人。

要避免情緒化或壞脾氣，生氣時應選擇適當的語言，委婉說出內心的感覺及生氣的原因，不能一味認定是自己受委屈而責怪別人。描述情緒感受之後，如果對方不了解或不諒解，仍與我們對立，則應先反省自己的表達是否恰當。除了語言及態度，還包括時機與地點。若對方已有成見而不聽我們解釋，可選擇日後雙方都較冷靜時再繼續溝通。若對方堅持現在就講清楚，則要設法「脫身」（三十六計走為上策）。生氣時欠缺思考、脫口而出的話往往尖銳刻薄，只會造成更大的人際裂痕，釀成無法彌補的後果。

許多人看來好像沒脾氣，其實是修養好。反之，脾氣很大、容易情緒失控的人，就是修養不好。情緒失控出現語言、肢體、精神等暴力情況，甚至殃及無辜。要特別注意，「有修養」不等於「忍受」；若不敢生氣、不敢表達、怕與人衝突、不能堅持自己的主張，則會轉化為其他更複雜的情緒，如不滿、憎惡、埋怨、對抗、怨恨、無力感、自卑，破壞自己真實的情感與寶貴的人際關係。

預防情緒失控的方式是阻止負面情緒的累積，知道自己出現負面情緒時，以輕鬆、幽默的方式幫自己「喊停」、「踩煞車」。以不構成傷害的方式，讓負面情緒自由流動。例如：到山上、海邊等無人之處吶喊、唱歌，讓自己「不吐不快」，才不會造成「內傷」。但還是要反省自己「為什麼」生氣？不能將生氣的責任都丟給對方。要提前「儲備」適當的反應方式，如：

- ▼不受對方負面情緒的影響。
- ▼不激怒對方。
- ▼設法讓自己冷靜的情緒感染對方。
- ▼找到平息對方怒氣的方法。

若心中充斥憤怒、怨恨與不安的情緒，不由得就會口出惡言。這樣做只會得到一時的快感，卻帶來更大的痛苦。別人可能會「搧風點火」，使你的怒火更旺。也可能漠視你的感受，使你更加寂寞。痛苦的事存在心中變成「內在語言」，將使你寢食難安。情緒控制仰賴個人修養，證嚴法師說：「日常生活中修養，是從忍辱得來的；退一步，讓一步，來成全別人，即是修養，即是修行。」

若知道自己脾氣急躁，更應加強修養。小孩子能依靠父母、師長的教導或輔導，熟年世代的你，除了自我負責，別無他法。若你能擁有更高層次的目標，就比較不會動輒生氣或攻擊別人。預防情緒失控的積極做法如成功學大師史蒂芬・柯維的建議，每天抽出幾分鐘時間模擬各種狀況及適當的反應，腦海中的影像愈清晰愈好。透過練習，在潛移默化中會逐漸改變脾氣，最終完全控制情緒。

這種練習對於社會經驗豐富的熟年世代，應該不是難事。但是，當我們看到身邊或新聞媒體報導不少情緒失控而犯罪的「暴走老人」，不免為他們的不智而感嘆！

將負面情緒轉個彎

負面情緒不該被否定或否認，要先接納再設法轉化。熟年階段是人生變化最為劇烈的階段，不論身體、心理、家庭、事業、人際關係，都與從前大不相同。要更努力地應變與調適，「停止」及「扭轉」負面情緒，才能恢復身心平衡。

轉消沉為積極

消極、悲觀是逐漸形成的，它悄悄潛伏，幾乎沒有存在感，只讓你隱隱感到不舒服、笑容愈來愈少。等它長成巨獸，就無法控制了。「反制」的方法是覺察到它的存在，並「反守為攻」，趁它力量還不強大時，盡快將它擊倒。

熟年世代的消沉主要來自失去生活重心、身體不健康，以及自我價值感下降。昔日為了工作或家庭忙得分身乏術，而今卻顯得「可有可無」，日子也單調得難以打發。若是如此，就應趕緊設定短、中、長程目標，打破一成不變的生活。我以自己的長程目標來「野人獻曝」，希望激勵你一起參與「生涯規劃」。

- 能以英文全程授課及演說。
- 到歐美再進修。
- 成立「無國界教師組織」之非營利機構。
- 考察國際有關扶助教育弱勢的實際做法。
- 與丈夫志同道合、知己交心。

▼兒子事業有成、展現個人才能。
▼女兒攻讀博物館方面碩博士學位。
▼維持適當體重。
▼成為晚上十點睡覺、早上五點起床的「晨型人」。
▼擁有更豐富的創造力，成為教學、時間管理、溝通與發表力的「達人」。

要寫出上述的長程目標，不僅需要想像力，更需要勇氣。多半人不願意離開「舒適區」，一旦訂定目標就必須持續付出，無法再「輕鬆地過日子」。不敢訂目標還有一個原因，就是怕失敗、怕被人訕笑。其實即使沒有完全達成目標，別人依然會佩服你奮鬥的精神。若完全不訂目標，表面上別人沒什麼反應，私底下卻會看不起你或為你擔憂。

如果心情的低落、消沉來自健康問題，就要做整體或定期健康檢查，包括牙齒、血液、尿液、糞便、胸腔X光、乳房攝影等，澈底了解自己的狀況，「積極」採取恢復健康的行動。中年之後容易罹患代謝症候群，依據國際糖尿病聯合會定義，是指「中心肥胖」加上「三高」——高血糖、高血脂、高血壓。以南亞及臺灣標準來說，男性腰圍超過九十公分、女性超過八十公分，即為中心肥胖。中心肥胖是代謝症候群必要的檢查項目，熟年世代不可將「中年以後必然發胖」視為正常，一定要節制飲食及飲酒，加強運動以控制體重。

轉焦慮為安定

擔心、煩惱持續太久、反應過度，就可能變成焦慮症。有些焦慮有確切的對象或事由，若對許多事件或活動都「過度」擔憂，就稱為「廣泛性焦慮症」。會容易浮躁、不耐煩、疲累，難以專心或心中一片空白，有肌肉緊張、睡眠障礙等狀況。

熟年世代的焦慮通常非常廣泛，任何事情都能牽動焦慮的神經，以致影響睡眠與活力。惡性循環之下，愈來愈忐忑不安與容易失眠。所以平時要多從事抒壓或安定心情的活動，如：園藝、書畫、閱讀、下棋、打太極拳、健行等。如有原因不明的焦慮，還是需要就醫，以免耽誤到其他疾病的診治。

轉無助為堅強

父母對成長中的子女要學習「放手」，以免他們太慢或無法獨立。熟年世代亦然，要保持自己的獨立能力，能做的事盡量不要別人插手。從前能做但最近做得不好的事，要多加練習或換個方法嘗試。不要立即求助或依賴他人，甚至自我放棄。

要積極「鍛鍊」自己的獨立能力，從前不能做或仰賴別人協助的事，例如多數男性不善烹飪，就有鍛鍊的必要。或以前太忙而一直外食，或很少操持家務，如今在可能的範圍內就要盡量自己動手做；不要嫌洗碗、做家事等麻煩而繼續外食，或不注重居家環境衛生。以前依賴子女的事情，例如看診、購物、出遊、赴機構辦事，現在都可以試著自己來，還包括練習搭公車及捷運。

不過也不要逞強，如果行動較遲緩或眼力較差，還是不可冒險開車或搭公車，以免發生意外。可改為叫車服務，不必一味等待兒女接送，把自己變成了「兒寶」。不僅會使自己退化更快，也影響子女的正常生活。為人子女在面對高齡父母時也要學習「放手」，盡量保持及增強父母的自主能力，讓他們獨立的時間可以延長，以免事事代勞而加速老人的身心衰退。

轉計較為寬心

我們可能曾經計較爸媽對哪個手足偏心、老師偏袒哪位愛徒、老闆偏愛哪些員工。與他人共事則擔心自己多做、吃虧，被別人欺負時又嚥不下這口氣而想立即反擊。到了年老則忍不住比較哪個子女孝順，或生氣自己的孩子不如別人有出息。「人比人，氣死人」，這就是不快樂的主因，何時才肯「放下」不必要的比較呢？

以前，我曾假裝不經意地問父親「其他手足過年過節時給他多少錢，或資助多少出國旅費？」我生怕自己被比下去，希望自己是父親心中最孝順的一個。有智慧的爸爸堵住了我的胡思亂想，他從來不說哪個孩子給他多少錢，也從未因金額多寡而開心或失望。當他晚年生病，我問他其他人是否回來看他時，他一律回答「看過了」。父親的修養到家，從不強迫子女盡孝，從不責怪我們不常回家，反而讓我們一回家就能享受濃濃的親情。即使病後他已不能為我們做什麼，仍舊以笑臉迎接我們。

轉壓抑為釋放

熟年階段只要不違反健康，想吃什麼、想喝什麼，都可以自由自在；想說什麼、想做什麼，只要不違反法律，都可以自由表達。不必像從前總把兒女及配偶的需求擺第一，有太多遷就、顧慮及委屈。現在正是學習自我肯定與欣賞的好時機，不必再因別人的感觀而打壓與貶抑自己。

與人相處也是，熟年階段不需像在職場時總要活在別人的期待與壓迫中，可以表現真實的自己、活出自信，不用討好別人。即使有委屈，也「願意」轉怨恨為寬容，一如孫燕姿所唱的〈開始懂了〉中的意境。

開始懂了

演唱：孫燕姿
作詞：姚若龍

用心酸微笑去原諒了，也翻越了，
有昨天還是好的。

但明天是自己的，
開始懂了，快樂是選擇。

真正懂了做人處事的道理，不像從前忍氣吞聲、自我傷害。能夠選擇原諒與超越，擺脫「媳婦熬成婆」的制約，讓不愉快煙消雲散。如李佳薇所唱的〈煎熬〉。

煎熬

演唱：李佳薇
作詞：徐世珍

我相信我已經快要，
是真的我快要、
快要可以微笑，
去面對下一個擁抱。

你值得真正的快樂

沒想到退休後還能追求孩提時代的太空夢呢！今天的水火箭能飛得多高多遠呢？
現在還有真實的火箭升空計畫正在募資喔！
投資就可以參觀製作嗎？我要去！
NASA
SCIE

快樂是什麼？

威爾・鮑溫在著作《祝你今年快樂》中提到，快樂是因果循環的過程，源自我們的思想、言語和行動，最後呈現在我們的習慣、品性與命運上。如果你覺得自己「不算快樂」、「不夠快樂」或「不能快樂」，就要改變思想、言語和行動。威爾整理出幾個讓人快樂的策略：

▼微笑

▼為他人行善

▼規律運動

▼睡眠充足

▼適當的營養

▼有意義、讓你獲得成就感的工作

▼參與緊密結合社群

▼擺脫紛亂的生活

- 放下怨恨
- 培養並表達感激之情
- 精神上的連結感，以及精神上的修行

想一想，其實快樂的方法很簡單，希望大家快點達到庾澄慶所唱〈快樂頌〉的境界：

快樂頌

演唱：庾澄慶
作詞：庾澄慶

快樂其實也沒有什麼道理……
快樂就是這麼容易的東西，
Don't worry be happy.

「快樂」是日常生活的行動，如：第一步就是向後退一步、只要大家和我們一起唱、年輕的心能重覆用到老、一群人和我同樣的調調。我們懂得愈多關於快樂的方式與策略，就愈能夠快樂起來。

你值得真正的快樂

樂團「五月天」演唱的〈你不是真正的快樂〉，入圍第二十屆金曲獎年度最佳歌曲，描述不快樂的原因是隱藏自己的真實感受。

> 演唱：五月天
> 作詞：阿信
>
> 你不是真正的快樂
> 你的笑只是你穿的保護色……
> 你不是真正的快樂，
> 你值得真正的快樂，

你應該脫下你穿的保護色……
能不能就讓悲傷全部結束在此刻，
重新開始活著。

可能歌中有較多抑鬱、悲觀的成分，所以當年度獲獎的是周杰倫演唱的〈稻香〉。

稻香

演唱：周杰倫
作詞：周杰倫

請你打開電視看看，
多少人未生命在努力勇敢的走下去……
笑一個吧！功成名就不是目的。
讓自己快樂快樂，這才叫做意義。

〈稻香〉描述的快樂簡單、自然，例如：赤腳在田裡追蜻蜓、偷摘水果被蜜蜂叮、靠著稻草人吹著風唱著歌睡著了。這些不用花錢、唾手可得的幸福，卻是最值得珍惜的單純滿足。

年過八十的韓國精神科醫師李根厚，在著作《愈活愈老愈快樂》一書中提到，與其在意年老，更應多花心思創造好事及愉快的事。任何人只要下定決心希望生活得更有趣味，有趣的事就會隨之而來。若只靜靜地等待，好事、樂事、趣事就很難發生。李醫師建議，年紀愈大愈應該關心別人，不能期待別人先關心自己。主動聯絡你想見的人，然後去拜訪他們。

即使身體不好，仍要抱持正面思考。李醫師罹患七種疾病，包括：左眼失明、糖尿病、高血壓、冠狀動脈狹窄、膽結石、痛風、椎間盤突出。但他仍能正面思考，認為自己之所以罹患這七種病，正是十分認真生活的緣故。即使難應付也要與疾病和平共處，從事其他可做之事。他認為抱持正面思維，比找任何名醫都來得有效。

以下即從食、衣、住、行、育、樂等面向出發，在日常生活中創造及體驗各種快樂。讓我們一起比賽誰更快樂吧！

食！調整飲食習慣

精神腫瘤科醫師保坂隆認為，做好健康管理的第一步就是養成每天量體重的習慣。他建議使用數位體重計，並將準確的測量結果記錄在記事本或電腦裡。這個方法似乎很簡單，但要做到卻不容易。一般人總想逃避不敢面對的「真相」（過重），但「量體重」對熟年世代卻是非做不可的事。趁著來得及，盡快調整飲食、運動以恢復理想體重。年紀愈大，基礎代謝功能愈差。他建議要擺脫舊有「一天吃三餐」的觀念，配合自己的身體狀況與生活步調，調整飲食習慣。

一般人視吃東西為生活中的「小確幸」，與喜歡的人用餐、為所愛的人準備食物，的確是快樂的事。但熟年世代必須控制飲食，選擇較營養的養生食品，並應自我節制，切勿暴飲暴食。近來各界力倡「在家吃飯」，就是最營養、最能展現對家人及朋友的愛，且令人記憶深刻的好方法。家人之間可以輪流準備餐點，不論到外面吃或親自做飯，都可傳遞對家人的愛與用心。

另外還要了解食物的特質，多吃令人快樂的食物。研究顯示，有「快樂情緒因子」之稱的血清素，身體無法自行合成，必須由食物攝取。營養師推薦的快樂食物如：牛奶、黃豆製品（豆漿、豆腐等）、深綠色蔬菜、香蕉、深海魚、雞肉、南瓜、櫻桃、堅果、燕麥、大蒜、葡萄柚等，都是既富含營養還能使心情愉快的絕佳食材。

有些人以為甜食是快樂的來源，剛吃完確實能在短時間內讓血糖急速上升，產生興奮或愉悅感。但身體分泌胰島素後，血糖又會急速下降，反而造成沮喪、焦慮感。咖啡也是，適量能提振精神，過量則會引發心悸、憂鬱。過度飲酒亦然，消耗大量維生素B群，讓身體產生壓力。酒後六至十二小時更會出現焦慮、恐慌感，熟年世代要特別注意！

衣！以穿著改變心情

年輕人愛買新衣，衣服的確有令人變美及變快樂的魔力。小時候看過一部電影，劇中的護士拒絕她照顧的老先生餽贈的衣服，以為對方嫌棄自己穿得不好。但老先生表示，年輕女孩應該穿幾件漂亮衣服，假如都不穿，成衣廠的衣服該賣給誰呢？這才說服了護士，欣然接受那些美麗的衣服。哇！這一段成了我對那部電影印象最深刻的地方。我好羨慕！甚至想像自己化身為那位護士，擁有好多美麗的衣服。

自我教學以來，每次課程開始必定告訴學生「我每週上課的穿著不會重複」。每次要思考及創新上課穿著，就覺得快樂得不得了。其中最大的功臣是我的兩個妹妹，她們經常贈送我漂亮的衣服，並稱之為「快樂的衣服」。熟年世代不僅要讓自己穿得漂漂亮亮，也可把衣櫃裡適合別人的衣服轉送出去，讓他人快樂。

住！住居精簡、舒適及安全

我們都應該學習「減法人生」，精簡地度日。熟年世代可以改建房子、重新裝修或遷居，安排大小適中、便於打掃的空間。大型傢俱也可換掉或捨棄，有更開闊的視野與動線。其他如衣物、書籍、用品等，可依「精簡」原則義賣、捐獻或餽贈。室內及庭院的布置，可依自己的期待與需求，或參考室內設計、庭園設計等專家好友的意見，以舒適、好打掃與容易照料為原則。用心布置能讓人更喜歡待在家裡，也與朋友一起分享這美好的房子。若養寵物，也要好好規劃牠們的活動空間。

熟年世代的住宅還須考慮安全性，避免滑倒或絆倒。為了方便行走，應設置扶手及去掉門檻。夫妻之間可安排個別的活動範圍，或重新整合在一起。也可以分房睡，或安排一間客房以備某一方睡不著時單獨使用，才不會因為打鼾或晚睡等，影響另一方的睡眠及生活的和諧。

三代同堂則最好能分開樓層居住，讓彼此有各自的獨立空間，避免不必要的磨擦。務必將心比心、相互同理，重新規劃空間，讓彼此都不感到拘束或遷就。

行！少開車、多步行

臺灣的地理環境不像歐美的幅員廣大，非要「以車代步」不可。若住在都會區，大眾運輸系統十分發達，搭公車或捷運還可以增加走路運動的機會。熟年世代可考慮減少開車或不開車，增加安全性。不過若熟年世代能謹慎駕駛，開車也可增加獨立性、方便性、自由度與生活樂趣。以前不開車或少開車的熟年世代，此時可以開車出遊。

育！多學及樂學

樂齡大學、社區大學或一般大學推廣部、在職班，有許多適合熟年世代的課程，開啟人生的新視窗。如唱歌、寫作、國畫、戲劇、手工藝、烹飪、縫紉、園藝、棋藝、國術、舞蹈等，豐富性超乎想像。有些人想外出學習或上課，若還需要家人同意，這樣的人生是否太可悲？家人不支持時要展現主見，積極說服他們，不要退縮、消極、放棄。若家人不放心，可以邀他們一起學習；夫妻或親子成為同學，也可增進溝通品質及生活樂趣。不要又回到從前犧牲自己、委曲求全的模式。

也許因為依賴心太重，什麼事都希望家人陪伴或代為決定。或自我封閉過久、生活空間有限，逐漸對自己失去信心，不敢嘗試新活動。這類「膽子較小」的熟年世代，除了推他一把、拉他一把，半強迫地帶出門，也可「借力使力」請參與過相關課程的友人陪同。

即使目前還有工作或需承擔家務、照顧兒孫的熟年世代，還是可以參與學習活動。不要以工作及家庭責任為自我讓步或被束縛的藉口，否則生活將愈來愈貧乏與空虛。熟年階段一定要為自己而活，擺脫「工作及家庭代表一切」的傳統觀念。有不少熟年世代選擇志工方式代替動態的休閒活動，不僅可達到運動效果，還可使心情開朗、樂觀。再者，擔任志工需要持續在職進修，可保持心智與身體的敏銳度。我的忘年之交高老師，年過七十仍到醫院日照中心擔任志工，而且她希望自己能一直做下去。

樂！休閒運動融入日常生活

「休閒教育」是臺灣教育極力推廣卻最難落實的一環，國人太重視「勤奮」的精神，擔心「少壯不努力，老大徒傷悲」，結果把自己弄得很忙。於是，過多的工作、過少的休息，放鬆就有罪惡感或被視為偷懶。不懂得「一緊一鬆」的調節，因此心情難以平靜、輕快！

許多長壽者都有多項「數十年如一日」的動態休閒，身心健康的百歲人瑞大都是「閒不住」、「動起來」的類型。隨著身體器官機能降低，更要藉由多種動態活動來強化、增進心肺耐力，例如：健行、慢跑、游泳、水中走路。應多從事能增進肌肉適能的運動，例如：重量訓練、仰臥起坐；以及增進柔軟度的運動，例如：伸展操、瑜伽、太極。

弘道基金會於二〇〇七年舉辦「挑戰八十、超越千里——不老騎士的歐兜邁環臺日記」活動，改變國人認為「老了就沒用」的消極觀念，共創老人不老、競爭力不老的樂活熟年社會。參加的十七位不老騎士平均八十一歲，二位曾患癌症、四位須戴助聽器、五位有高血壓、八位有心臟病，每個人都已關節退化。但他們以實際行動證明，不管多大年齡都有圓夢的權力和能力。二〇〇八年摩托車環臺紀錄片上映，創下高票房紀錄，得到國內外各個電影獎項入圍及獲獎。

為延續「不老騎士」熱血圓夢的精神，弘道基金會於二〇一一、二〇一二年結合重機騎士，協助長輩一圓成為重機騎士的夢想。二〇一三年挑戰四分之一環臺夢，自行騎乘摩托車或電動輔助自行車。未來將持續推動這股熱血精神，鼓勵更多阿公、阿嬤加入不老騎士行列。全副腳踏車、重機車裝備，看不出年齡的熟年世代，才是「正港」的酷酷哥、酷酷嫂。

旅遊是綜合運動與休閒的最佳選項，行動自由者可規劃自助式輕旅行；行動不便者也能報名團體旅遊，享受開心出遊的樂趣。各地方政府相關單位不時會舉辦旅遊活動，可隨時留意相關訊息。例如：臺北市社會局和多扶事業合辦「銀髮樂活行」活動，帶著熟年世代走訪貓空、植物園、坪林、東北角等四條路線，設籍臺北市六十五歲以上失能、失智長者都可報名。活動目的不僅讓行動不便長者有機會出遊，也讓默默照顧長者的家屬得以喘息，透過出遊抒解壓力。由專業導遊領團，行程以無障礙巴士接送，高低差超過五公分的地方就會避開，保證讓長者輕鬆遊。每名長者可有一名陪伴者同行，中、低收入戶還享有免費優惠。

多項研究發現，從事啟發心智的休閒活動，例如：猜謎、數獨、玩牌、填字遊戲、閱讀、桌上遊戲、益智遊戲等，不僅讓自己快樂，身體機能運作更順暢，還能增加人際互動、活得更久。可加入相關團體，如棋社、圍棋中心、橋牌社，並適度參與比賽。另外，小盆栽、蒐藏品、水族箱等較小範圍的休閒活動，也可列入廣義的桌上遊戲。更推薦參加讀書會，與人分享與討論讀書心得。

熟年世代從事唱歌、閱讀、寫作、書法、繪畫、手工藝等休閒活動，不需要有壓力。寫作可以試著投稿，繪畫、書法可以參展，或參加歌唱比賽，這些都是附加價值，不必有得失心。其他類似藝術活動還很多，學習樂器、欣賞音樂及戲劇、看電影等，均是極佳的深度休閒。從事靜態的休閒活動，雖不致發生如登山、騎單車、慢跑等身體不適或有致命危機。但其實「久坐不動」更會影響身心健康。

照顧寵物對熟年世代也有意想不到的好處，寵物有激發反應的作用，可帶給主人無比的快樂。主人需要療養時，牠們能改善療養環境，是熟年世代最好的精神振奮劑。有些寵物在主人身體不適、心情不好時表現出的同理心，讓人非常感動。不要「嘲笑」熟年世代將寵物視同「孩子」，其實餵養牠們、帶牠們運動、與牠們互動，對熟年世代是一項非常有價值的休閒活動。

除了從事個別化休閒，也可以參加社團，藉由固定聚會、參與活動及比賽，探索及開拓適合自己的休閒活動。就算一時不知道自己喜歡什麼，也可以加入團隊、培養興趣，從中逐漸體會樂趣。若能主動「揪團」、出團，更是功德無量。更重要的是，使休閒活動成為日常生活每天都想要自然進行的事項。

熟年世代從事休閒活動，應兼顧體能活動與社交機會。研究指出，生活滿意度較高的人，多半參加「活動－社交」類型休閒活動，而且參與的項目較多。反之，若偏向「坐定－孤立」類型休閒活動，對熟年世代所需的社交及體能功能將愈來愈不足。「活動－社交」類型休閒活動有較多運動量、較大運動強度，以及要和別人共同從事。「坐定－孤立」類型休閒活動，可能使人更孤立、自我封閉。尤其個性原本比較沉靜、人際關係較狹隘的人，可能會更孤立，形成惡性循環。

缺乏休閒運動將導致體能快速消退、心情更加憂鬱，成為罹患熟年憂鬱症的高危險群。家人要鼓勵熟年世代多走出戶外、與人接觸，必要時「半強迫」

他們一起參加活動，至少出去走一走、動一動。休閒、嗜好、運動等習慣，應從年輕時開始培養，並將它變成生活的必須品。「現在」就撥出時間與體力，「開發」適合自己的休閒活動吧！以免到了熟年階段，因不知如何休閒而閒得發慌。

永保夢想——頑固的自己

二〇一六年，五月天推出新歌〈頑固〉，MV 主角由影帝梁家輝扮演一位想圓少年時代製作火箭夢想、永不放棄的長者。歌詞是這麼唱的：

頑固

這些年讓步的你是否會嘆息，
有什麼是你永遠不妨氣？……

演唱：五月天
作詞：阿信

一天一天你是否還相信，
活在你心深處那頑固的自己。

這首歌的真正主人翁，是交通大學機械系教授吳宗信。他在研究室牆上貼著「中年阿伯的太空夢」海報，桌上擺著NASA字樣的馬克杯，櫃上架著兩座白色塑膠火箭模型。一九六四年出生的吳教授，幾年來召集一批臺灣好手，組成一支火箭團隊。他們在屏東旭海附近發射四次混合式火箭，將兩層樓高、直徑四十公分、重達三三〇公斤、推力達一千公斤的火箭，從地面發射至十多公里的天空。吳宗信說：「我就是要做出真正的臺灣火箭！」他計畫在二〇一九年做出直徑二公尺、長十六公尺、約六層樓高的火箭，將衛星射入四百公里外的軌道。

吳宗信在交通大學開設「類蔗糖火箭」實作課程，邀請全臺各地學校的老師加入，學生也自四面八方湧入。他們把糖磨成粉結合氧化劑，做成較安全的固態燃料；再利用大塑膠管等低成本材料，做成小型低空火箭。課程點燃了學生的熱情，因為不斷探索技術，他們的火箭夢愈滾愈大，募資上百萬元，相信吳教授的夢想一定會達成。

美國非裔人權領袖金恩牧師，主張以非暴力的公民抗命方式爭取非裔美國人的基本權利。一九六四年他獲得諾貝爾和平獎，但一九六八年被刺身亡，年僅四十歲。金恩說「我有一個夢」，這個夢想全世界都聽到了。他的一生雖然短暫，但夢想已經達成。反觀有機會長壽的我們，豈能浪費時間而不「頑固」地圓夢呢？

和你一起浪漫地變老

入館請由這邊
沒想到這一生
還有機會
他
跟她一起工作呢！
請跟我走，
要開始導覽囉！

一九九九年，趙詠華演唱的〈最浪漫的事〉，幾乎是當時婚禮的必唱歌曲，許多情侶或夫妻對其中的浪漫情景嚮往不已。

> 演唱：趙詠華
> 作詞：姚若龍
>
> 最浪漫的事
>
> 我能想到最浪漫的事，
> 就是和你一起慢慢變老。
> 一路上收藏點點滴滴的歡笑，
> 留到以後坐著搖椅慢慢聊。

年輕時，看待戀愛與婚姻都很「正向」、「有信心」。到了老夫老妻，依然可以這麼甜蜜、親暱嗎？

家，是講愛的地方

「白頭偕老」有那麼難嗎？以詩人余光中來說，二〇一六年他與妻子范我存慶祝結褵六十年（鑽石婚）。余光中說：「家是講情的地方，不是講理的地方，夫妻相處是靠妥協。」這句話甚為經典，但要真正做到並不容易。

范我存是余光中的遠房表妹，夫妻多年沒吵過什麼架，范我存說可能是因為兩人童年逃難，歷經抗戰、內戰，所以對很多東西都比較珍惜。范我存除了照顧公婆及四個女兒，也參與丈夫的文學活動。詩社成員把余宅當作總部，余光中教書時，家裡經常有學生來，加上公公的朋友，范我存都接待得很好。

她兼具傳統與現代女性的優點和特質，雖然自己很有才幹，卻完全奉獻給丈夫與家庭。余光中一忙起來，可以幾天關在書房不理不睬，好像天塌下來都不管。范我存一開始也無法適應，後來覺得創作對丈夫很重要，也以丈夫為榮，為他犧牲很值得。

這樣的婚姻令許多男性嚮往，但別忘了，前提是你必須是值得女性犧牲的對象。余光中在文學領域十分投入，因此妻子才願意成為背後的推手。女性也要有范我存這樣的學識與才華，才能真正襄助丈夫。反之，如果女性有才華、有夢想，丈夫也願意為妻子而自我犧牲嗎？我們不求六十年前的男性這麼做，但盼望現代男性能不令人失望。

許多人無法白頭偕老，身體及心靈漸行漸遠，在一起只是讓子女有個完整的家，兒女離巢後即是另一波離婚的高潮。為什麼不願意為了熟年生涯的生活品質，而用心經營婚姻關係、使彼此成為靈魂伴侶呢？大部分原因來自「性別不平等」。女性活在「刻板印象」的壓力下，為了符合社會期望中賢妻良母、溫柔賢淑的形象，壓抑自己真實的情緒。待兒女長大、盡完母親的責任後，就不想再忍耐，想盡快飛向自由的天空、自在地表達情感。熟年男性雖然也有改變，從攻擊性格轉而注重關係維繫，甚至愈來愈「依賴」妻子。但若一方想走、一方更依賴，這樣的夫妻關係會長久嗎？

伴侶當中若一人先退休、另一人仍有工作時，就要設法調適或配合，最容易引起紛爭的就是家務分工。退休者若想在家庭中存活且獲得尊重，就要動起來，積極參與家庭運作的勞務工作。夫妻間應好好討論家務分工，並達成協議。除了可增進彼此的情感與相互尊重之外，還能在協議中盡量發揮創意，把新的家務當作「創意家居生活祕方」，退休後才不致產生夫妻衝突。

要如何「有技巧」地溝通？若直接批評退休者，會引發對方的怒火及反擊；若什麼都不說，看著退休後繼續懶散的人，自己的心理會愈來愈不平衡。為了「長治久安」，退休者最好能主動調整自己、樂意承擔家務；另一方也應冷靜、耐心說出自己的感受，提出雙方都能接受的改善方案。

也許先退休的人也有委屈，並非只想宅在家中、加重工作者的負擔。溝通時，可說出自己的退休計畫讓對方了解，並讓另一方表達感想與建議。畢竟雙方是生活的共同體，必然會相互影響。不論退休與否，夫妻間若能共同討論、支持及參與對方的退休計畫，都會增加幸福感。還有一個重點，不論你多麼健康、樂觀、隨興，還是要擬訂退休生活的計畫。

挽救熟年婚姻大作戰

現代熟年女性的「自覺」已提高，如果婚姻之路走得不順遂就會開始反思，不想繼續在婚姻裡煎熬。老一輩女性往往因為經濟不獨立而被迫留下來，嬰兒潮世代的妻子則不僅經濟獨立，許多人還事業成功。當她們對婚姻不滿意，會主動尋求改變並付諸行動。希望丈夫接受婚姻諮詢，否則就決定分居或離婚。隨著人類壽命延長，「空巢期」將長達數十年，缺乏經營的婚姻不再穩固，愈來愈多老年夫婦拒絕延續婚姻，促使六十歲左右離婚的夫妻激增。

五十多歲的太太想離婚，可能因為先生退休後沒有部屬可管，卻管起她的行蹤，連出門都被問：「去哪兒？都是些什麼人？待在家裡不好嗎？」時間一到就得回家燒飯。即使沒有外遇、沒有家暴，也會想要離婚。所以，老夫老妻可以一起參加成長團體，找出共同的興趣，才能繼續在同一個屋簷下和平相處。

若決定離婚，重獲自由之前，也須做好心理建設以面對新生活的衝擊。生活得重新安排，要有穩定且充足的收入或健全的保險與社會福利。離婚是一種選擇，有些子女對父母的婚姻也傾向「勸離」。老年夫妻離婚，還是希望得到子女的支持。而今社會要改變對離婚的認知，才能減少老年夫妻的遺憾。

在日本，造成熟年離婚（俗稱定年離婚）的原因，應歸咎於大男人主義。原本早出晚歸的丈夫，退休後天天賦閒在家，不知如何與妻子相處；擺起大男人的架子干涉妻子原有的生活步調，讓許多中高齡妻子無法忍受，或不適應丈夫退休後的作息時間，開始考慮離婚。也讓這些老男人原本懷著退休後有妻子照顧生活起居的期望，落了空。

二〇〇七年，日本通過了夫妻退休年金的分配新制，將妻子的老年福利金獨立出來，明訂離婚時妻子可主張擁有丈夫一半的退休金。熟年女性從此擁有支持自己生活的收入，日本熟年離婚率猛然攀升，而且大多由女方提出，欲擺脫退休丈夫命令式的生活，增加屬於自己的時間。因此，日本高齡者中心開始為年長男性開辦烹飪班，讓他們能學會自己打理生活。有趣的是，不少退休男性發現婚姻面臨危機時，決定自力救濟，努力學習煮菜來表達愛意、討好老婆。

臺灣的國民年金沒有讓配偶分享的機制，為了保障沒有社會保險的家庭主婦之晚年，規定有工作的配偶必須為另一半繳交保費。但是完善的財產支持制度還有待制訂，才能讓離婚的熟年世代不致因經濟失去依靠而流離失所。

別再被傳統綁架了！

傳統女性容易受到性別刻板印象的束縛，在「三從四德」的觀念下，到了熟年仍顧慮家人的意見，不敢自我主張。人口關鍵報告指出，臺灣女性平均餘命高於男性，但健康餘命卻遠低於男性，晚年常處於失能、憂鬱或缺乏社會參與的狀況。看到這樣的報導，真令人難過，希望這樣悲慘的命運、怨嘆的一生，能隨著觀念改變而停止。

「安寧療護之母」趙可式自臺大護理系畢業後，在修道院待了八年，從事居家護理工作。但因護理工作無法配合修道院的門禁時間，最後她選擇還俗。父親生病的切身之痛，讓她體驗到全人照顧應包括陪伴病人平安走完最後一程，因此誓言踏上臨終照護的道路。四十歲到美國唸書取得安寧緩和醫療博士學位，再到英國安寧緩和醫療發起人創辦的安寧院學習。回國後與醫師、護士、社工人員一同推動安寧緩和醫療，並在成大醫學院授課。她二十四小時隨時待命，即使半夜病人有需要也會出現，她打算做一輩子的護士。

趙可式希望女性不要自我設限，一九四八年出生的她，多年前得過乳癌、動過手術，現在仍活得滿足且活躍。趙可式說，最重要的是「正向思考、做有意義的事」。她每週都排滿活動、演講，每天忙著教學、服務長輩、向政府爭取經費，忙碌的生活讓她不知「失眠」為何物。推動安寧照顧是她一生的志業，也是她快樂的來源。她說，年紀大的人無法避免來自精神、體力、記憶力的限制，但不要被影響，肯定自己工作的意義就能減少抱怨。

女性通常需要承載較大壓力，社會及家庭均要求女性有耐心、任勞任怨。老夫老妻若一方失能或失智，不免將照顧責任加在另一方身上。女性通常被認為應該擔任照顧者，對象常擴及到配偶之外的家人。日以繼夜的照顧壓力，造成身心俱疲，因此釀成不少令人唏噓的人倫悲劇。

女性若照顧自己娘家的父母，有時要承受配偶的苛責，如：沒有顧好小孩、小孩狀況沒有進展、為何經常回娘家、娘家的事是否更為優先等，使自己的健康出了問題，也影響夫妻關係與家庭生活品質。夫妻失和也會造成下一代的戕害，減損他們日後對婚姻的嚮往。

關係天秤不再擺盪

臺灣傳統多為「男高女低」的婚姻斜坡，若發生「女高男低」的反斜坡，結果會如何？太太若因工作負擔或責任而無法照顧家庭，老公能否體諒及協助？太太的職位或收入比較高，先生會否覺得自尊受損？

傳統女性常自認家務是自身的責任，寧可犧牲睡眠、社交等個人需求，也不要求家人協助。但現代女性的教育程度、勞動參與率漸與男性相當，對於婚姻的期待與男性有了落差。她們希望在戀愛與婚姻中保有個人空間，繼續發展個人事業、嗜好及人際關係。其實，男女平均分擔家務，可以強化夫妻關係、降低離婚機率。男主外、女主內的「性別刻板化」，對夫妻、親子、婆媳等人際溝通和尊重，都有很大的妨礙。唯有真正的性別平等——不委屈、不犧牲，才能創造幸福美滿的家庭。

婚姻中最大的傷害是家庭暴力，家庭暴力是指家庭成員間實施身體或精神不法侵害之行為。包括：

▼騷擾

包括任何打擾、警告、嘲弄或辱罵他人之言語、動作，或製造使人心生畏怖情境行為。

▼跟蹤

包括任何以人員、車輛、工具、設備或其他方法持續性監視、跟追之行為。

不僅是毆打，其他如：言語羞辱、行動自由的限制、因不信任而偷窺及跟蹤等，均屬於家庭暴力的範圍。熟年世代的不安全感，容易對配偶產生懷疑，所以熟年也是家庭暴力的高危險群，需要特別關懷。

直轄市、縣（市）均設有家庭暴力防治中心，提供二十四小時電話專線服務，以及被害人二十四小時緊急救援、協助診療、驗傷、採證及緊急安置、心理輔導、經濟扶助、法律服務、就學服務、住宅輔導，並以階段性、支持性及多元性提供職業訓練與就業服務。包括對加害人的處遇與輔導，停止其對你及下一個人的傷害循環。

若不幸遭遇恐嚇或毆打，正確的做法是撥打家暴及性侵害全國保護專線：一一三，並尋找安全住居所，如：旅館、親人或朋友的家。如果找不到，可打電話到家庭暴力防治中心求助或前往各縣市警察局，他們會安排緊急庇護所供暫時居住。需要驗傷時，許多醫院都提供免費的醫療服務，可洽詢醫院的社會服務室。如有立即危險不能等待法定程序的審理過程，可於四小時內以書面核發「緊急保護令」，並得以電信傳真或其他科技設備傳送緊急保護令予警察機關。

遇到家暴問題，要找到值得信任的親友、師長或社工員商量。他們的建議與答案不一定都對，但可藉此釐清自己的想法和處境，做出正確的決定。不要再沉默，趕快通報，讓加害人得到矯正、輔導與治療。因為他（她）第一次可能只是打傷你，下一次就可能要你的命，甚至殃及其他所愛的人。

好好聆聽，好好說

你期待伴侶擁有良好的溝通能力與情緒管理嗎？心理學家加德納在《心智解構》一書中提出「多元智能」的概念，人類的智能至少有八項，其中與情緒管理最有關聯的是「人際」及「內省」兩種智能。如果你的伴侶擁有高度的人際智能，表示他對你的臉部表情、聲音和動作敏感度較高，因此較可能符合下列事項：

▼較能準確察覺及分辨你的情緒、意向、動機及感覺。
▼較能使自己、你及你的朋友感到輕鬆自在。
▼較能與人維繫長期的友誼。
▼較能有效化解人際衝突。
▼較喜歡參與團體活動。
▼較樂於傾聽他人的意見。

▼別人較常向他徵詢意見。

▼較能妥善處理親密關係。

內省智能則是指能意識到自己內在的情緒、意向、動機、脾氣和欲求，以及自律、自知和自尊的能力。內省智能較高者能符合下列事項：

▼較能掌控自己的情緒。

▼較知道自己的缺點並設法改善。

▼較能有效解決個人問題。

▼較能自我激勵、自得其樂。

▼較能擁有個人的人生目標與規劃。

人際或內省智能不足，容易感到不耐煩或動怒，無法冷靜、理性地表達及傾聽。較喜歡論辯及反駁，較難接納別人的建議。較容易情緒激動，所以常常挑起戰火。反之，人際或內省智能足夠，則不用擔心他會情緒失控，能提醒他應該改善的地方，他不會因此自尊受損或惱羞成怒。

在性別不平等之下，男性常代替女性做決定。女性只會生悶氣、壓抑自身的想法與感受，無法進行有效溝通。女性應提升自己的人際或內省智能，才能爭取或創造平等溝通的機會。

現今的家庭權力結構已從「父權」轉變為「平權」。家事分工與家庭重要事務的決定，需要夫妻相互溝通協調。「第三條路」理論大師紀登斯在《失控的世界：全球化與知識經濟時代的省思》一書提到，男女不平等是傳統家庭不平等的固有特質。古代歐洲將女人定義為丈夫或父親的所有物，婚姻從來不是建立在親密感或情感交流上。然而，現代社會則認為「親密感」是婚姻的基礎。

良好的男女關係應該平等、尊重、溝通，而不是專制、壓迫、暴力。「性別平等」才能帶來真正的快樂與滿足。好的關係是平等的關係，夫妻雙方擁有平等的權利和義務，應透過溝通或對話來交流。

要使彼此感到親密，仰賴良好的溝通技巧，也就是要多交談，而且彼此信賴。溝通應以「尊重」為核心，尊重不是百依百順，而是小心維護對方的自尊。

能尊重對方就不會大吼大叫，不會隨意打斷對方說話，不會任意否定對方的感受，不會在共同事務上自作主張，更不會貶低對方的能力。

例如：姻親相處有問題時，若男方尊重女性，就不會忽視妻子的適應問題，不會以「雙重標準」要求妻子對夫家盡義務，卻否定她對娘家的責任。尤其是婆媳間出問題時，丈夫若不出面溝通，一味認定是妻子的責任，或讓妻子單獨面對，就會造成很大的痛苦。要真正解決問題，就得一起找到問題解決的策略。

幸福的獨自修練術

二〇一一年的國片《走出五月》，描述一對相互扶持的老夫婦，在女方離世後，男方應如何走出喪偶之痛的故事。沈海蓉和勾峰這兩位老牌演員扮演劇中結婚近五十年的老夫妻。年輕時他們互相給對方取了小名，丈夫叫木吉，妻子叫五月。五月得知自己罹癌，日子所剩無多，於是她寫信給孫子交代他怎麼照顧爺爺，例如：木吉喜歡吃什麼、討厭吃什麼；糖要放幾匙、茶要泡多久、什麼東西不能碰等。

一個頑強的老人，原本一直由妻子照料，失去妻子後頓時變得像小孩一樣脆弱。最後，爺爺為了完成與奶奶的約定，他再次回到和五月相戀的大樹下，挖出五月藏在那兒的寶藏——木吉寫給五月的短箋。爺爺能夠「走出來」，他的孫子及鄰居女孩也有很大的功勞。喪偶老人能否重新生活，家人是重要關鍵，不要讓老人獨自承受傷痛與生活的劇變。

喪偶後半年內無法調適而有下列症狀，就要留意是否為「慢性悲傷」：

▼失眠焦慮、食欲不振。
▼個性變得退縮，不愛出門社交。
▼對所有事都不感興趣。
▼常常想到與另一半的生活點滴。
▼常發呆，莫名其妙流淚。
▼身體小毛病不斷，常喊這裡痛、那裡痠。
▼強烈自責與罪惡感

喪偶獨居有時對女性反而是件好事，因為昔日被家事及必須照顧先生用餐所牽絆，無法按自己的喜好與目標外出，不能安排與朋友、親人長時間相處的活動。而今終於「放下」這些負擔與牽掛，可以自由自在、精彩地過每一天。這彷彿是「黑色幽默」，為什麼這樣美好的生活，不能發生在還看得到彼此的時候呢？

這樣的體貼，受人歡迎

那個拿著相機走來走去，一直熱心導覽的老先生是誰啊？常常看到他呢！
這個作品啊……
是這個展覽的策展人，也是館長先生喔！他喜歡親自記錄活動、跟參觀者互動！
STAFF
咦!?

長者與晚輩之間能否化「代溝」為「互補」，截長補短、共創未來？當然可以！父母對子女、老師對學生、前輩對晚輩，就應該這樣的照顧與提攜。熟年世代若能發揮自我價值，成為讓人喜歡、受人歡迎的體貼長者，必能創造不同世代的共同福氣。

即使不認識的長輩與晚輩，也可在生活與工作中「相得益彰」，這是邁入高齡、超高齡社會要積極開發的事，例如：經濟上的「熟年商機」（年輕人為熟年世代服務）、「青銀共創」（年輕人與熟年世代一起工作）。日本鼓勵老人以便宜的價錢將家中多餘的房子租給學生或年輕族群，彼此可以互相關懷、照顧、陪伴，成為另一種「家人類型」。

滔滔前浪領後浪

長輩有兩種：謙虛或跋扈、可敬或難伺候、有智慧或固執、愈來愈年輕或愈來愈老。你想成為哪一種？在別人眼中你是哪一種？「自覺的我」與「別人眼中的我」吻合嗎？盲點有多少？

以我來說，二十二歲在國中教書，只要賣力表現就能成為受歡迎的老師。不論體力和想法毫不費力就能和學生打成一片，包括一起爬山、跑步、談心。三十歲出頭我在大學教書，陶醉在「現在的教授都這麼年輕」的美麗謊言裡，教學有「勢如破竹」之感。和大學生的年齡相去仍不遠，輕易就打入了他們的次級文化，跟著一起唱林強的〈向前行〉，覺得自己「什麼都不怕」。

到了四十歲，自以為教育工作已「修成正果」，沒想到突然發現「花兒都謝了」。學生看你的眼光不再發亮，講課像是「自言自語」，講笑話學生也沒反應。更可悲的是，我竟然開始和年輕老師吃醋，「敏感」地以為學生變心了。在我與學生的年齡差距加大後，許多觀念不一致時我要花好多時間跟他們「說教」，例如：不能遲到、要注重人際關係及工作倫理、要為別人著想及付出、要遵守承諾等，但效果通常不大，下節課又得「重播」。學生只覺得「老師你的標準太高，我真的做不到」。我的教學盲點愈來愈多，挫敗與茫然也愈來愈強。

我花好多時間反省，並請教其他老師及大學生，慢慢找到不同世代的相處之道：

▼「愛」是教育的首要法則

老師不僅喜愛長相可愛、才能突出的學生，更要愛不起眼甚至常違規、被放棄或自暴自棄的學生。這些道理對年長的教師較容易實踐，因為此時脾氣已被磨掉許多，更有耐心，不會輕易被學生的「怪異」表相蒙騙或激怒。「歲月教會沉默」，熟年教師不再自以為是、自我中心，願意當學生的嚮導，將自己對人生探路經驗傳承下去。

▼授課過程民主化

將教學改變為「以學生為主」，多聆聽學生的聲音、聽取學生的建議、觀察學生的反應，使每個人的學習需求得到滿足。平時多「潛入敵方」，似無意卻有意地混入學生群中「刺探軍情」。課後多與學生交談，都能更清楚學生在想什麼、需要什麼。

▼付出更多行動及愛心感化學生

現代學生有更多成長的困惑，外表裝酷，不表示什麼都懂或不需要幫忙，只是不喜歡長輩嚴辭批評與教訓。所以現代老師要主動「靠近」學生，不要批判及否定，多給他們體驗的機會，具體幫助他們成長。學生自然會放下防衛心，向你傾吐心聲。

「逆齡」與「裝可愛」

這是年長教師最大的「權利」與「義務」，要永保青春的體態與心靈，讓學生「很愛很愛我」。光這一點就讓中高齡教師忙不完了，不再有時間胡思亂想。現在我跟學生一起唱五月天的〈如果我們不曾相遇〉，才發現：

如果我們不曾相遇

演唱：五月天
作詞：阿信

如果我們不曾相遇，我會是在哪裡？……
而我的自傳裡曾經有你，
沒有遺憾的詩句，詩句裡充滿感激。

傳承——青銀共創

根據統計，臺灣的嬰兒潮世代約占百分之二十，卻掌握了四成國民所得與百分之七十七的私人投資。當戰後嬰兒潮紛紛成為資深公民，他們的經濟狀況普遍較好、生活較有保障，與過去的弱勢者形象不同。善用「年輕老人」的能力與資源，促成與年輕人的合作，這是臺灣未來的最大挑戰。

年輕人有想法、有熱情，但缺乏資金與經驗，這方面資深公民可以補足，如果青銀共創就能改善世代對立。另一方面，高齡者的需求勢必造成經濟市場改變，這是熟年商機的基礎。而且有了熟年世代的參與，「他們最了解自己的需求」，商品及銷售方式會更適合熟年世代。先進國家為幫助年輕人創業，會找長輩當顧問；臺灣也需要世代共享平臺，發展熟年經濟。嬰兒潮世代握有資源，願意投資自己，再度找到自我的力量。

臺北教育大學文化創意產業系的黃海鳴教授，就是一位非常樂意「傳承」的長者。他的學經歷俱豐，從國立臺灣師範大學美術系畢業，獲得法國國立巴黎第八大學美學－藝術科技與科學博士。他最為人所知的是策展與藝術評論，例如：當代藝術評論及展覽、美術館與文創園區裝置設計、專題展責任藝評籌劃等。

黃教授認為藝術可以發揮的能量很大，尤其是一個好的展覽，將藝術的元素放在公共空間裡，配合適切的議題，便可引起相當大的回應。但他也提醒，花了很多錢舉辦大型展覽，應考慮展覽後的效力，設法持續使藝術活動之間成為有機狀態，否則最後就會後繼無力。他鼓勵學生策劃展覽，將專長分工合作與盡情發揮，例如：創作、寫文章、行政工作，提供更多的可能性。聰明的年輕人要自動向黃教授這類長者靠攏，既可得到指導又可親自實作，是就業前的最佳實習。比起凡事靠自己從頭開始、盲目摸索，有效率多了。

不論你在什麼領域，希望你到了熟年階段也能像黃教授這樣主動提供機會、經驗、技巧、人脈、資源，好好栽培年輕人。其他如亞太青銀共創協會、勞動署、衛福部、文化部等，都有青銀共創的負責單位與相關方案，你可以共同加入。以亞太青銀共創協會來說，這是二〇一三年成立的非營利社會團體，以「啟動青年創業之基因，激勵熟年再造之活力；整合青年之動力和熟年之資源，共創臺灣新經濟及社會福祉」為宗旨，任務為建構青銀產業資源整合平臺，媒合熟年世代之業界經驗、資金及青年人之創新創業精神，協助青年人創業、就業，發現並推動可能的新商機或創新經營模式。

放手讓孩子飛翔

熟年階段的你，兒女都成年了，他們進入社會後難免出錯、受挫，你不該苛責、干預，而要多給予支持、安慰及鼓勵。任何年齡的兒女都嚮往父母溫暖的懷抱，仍需要真心的建議與指導。

我當國中老師時，參加碩士班考試落榜了。我一心只想躲回父親的懷抱，所以申請從臺北調回高雄教書。當時父親並沒有苛責或評論我，後來因調校不成才讓我恢復理性、準備重考。考博士班時我又落榜了，把自己關在廁所裡痛哭，婆婆在門外一直安慰我：「我看到你的努力了，想要讀書再重考就可以了，別灰心！以你的資質一定會考取的。」我聽了非常感動，才有信心重考。有此可見，即使是成年子女，仍需要熟齡父母的支持與指導。

熟年父母要學習與成年子女有效的溝通，與其希望受到年輕世代的敬重，不如拍拍他們的馬屁。不是要對年輕人卑躬屈膝，而是試著參與他們關心的事務，努力發揮同理心。不論什麼事都以拜託的方式告訴他們，而非命令句。

熟年階段的親子關係應以朋友相待，予以子女尊重與關懷，而非強求陪伴與回報。不要把注意力都放在子女身上，讓他們壓力太大，或反之要子女將注意力放在自己身上、索取子女的關注。熟年世代應該積極參與各種活動、擴充交友圈，和兒孫輩的相處會更沒有壓力。若一直指望子女照顧或探視，抓得愈緊反而愈不利親子關係及祖孫關係。

如果想與子女一起生活，不要只想到好的一面，也要考慮缺點。倘若彼此的價值觀及生活方式易起衝突，倒不如獨自生活，偶爾去看看兒孫，反而更自由自在。若不能調適「空巢」的失落感而繼續掌控兒女，只會讓彼此的關係變得緊張。有些年長父母甚至與媳婦、女婿「爭寵」，造成家庭紛爭，實在得不償失！兒女成年後，父母就該放手，否則「留來留去留成仇」，反使孩子無法獨立，日後更加怨恨父母。父母也因操心兒孫而加重身心及經濟負擔，無法過想要的生活。

在退休及子女離巢前，就要學習適應熟年世代的空巢生活，應按表操課、有計畫地過日子。否則會因生活空虛，心情跟著消極、憂鬱。邁入熟年世代，時間幾乎全屬於自己，沒有藉口再浪費與逃避，也沒有懊悔的餘地。不管是一天、一週、一個月或一年，都要做好「時間管理」，才能愈活愈滿意。為了人生圓滿而無憾，必須「活在當下」、「與時間賽跑」，逐一完成想做的事。

若早年曾與子女關係不睦，熟年階段就是最佳的「修復期」。一再抱怨兒女對你不好，只會把他們愈推愈遠。夫妻關係不好可以選擇離婚，親子關係卻不能宣告斷絕。也許你以前確實沒有好好「善待」孩子，現在不該責怪孩子「不孝」，應反省及改正自己的「不慈」，以直接或間接方式向兒女道歉、恢復親情。就是現在，重建你的「父母形象」與「祖父母形象」吧！

親密的非血緣關係

現代社會還有婆媳問題嗎？大多數婆婆都覺得自己對媳婦很好，大多數媳婦也不承認自己不夠好。但「女人何苦為難女人」，婆媳之間還是難以坦誠溝通、和平共處？有些婆婆非常在意媳婦會不會做家事、會不會教小孩，然後忍不住「挑剔」（雖然婆婆認為這是在教導媳婦）。此時，媳婦該怎麼溝通呢？有些婆婆不喜歡媳婦表現得比兒子好，認為是不給老公留面子。如果媳婦因為工作而無法照顧家庭，更會遭到嚴厲指正，甚至要媳婦放棄工作。此時，媳婦該怎麼溝通呢？

其實，這不該只是媳婦的煩惱，婆婆也該自我調適。可以和晚輩談談，如果他們覺得沒有問題，就該「放手」、別再瞎操心。其實你付出太多，對方反而不領情。你為他們著想，但這卻不一定是真愛。

即使與晚輩不同住，有些婆婆心疼兒子工作辛苦，經常「自由進出」小家庭，或直接搬到附近以便幫忙帶小孩、做家事。除了影響晚輩的夫妻關係，隔代教養的衝突也會影響孫輩的成長。所以熟年父母要想清楚利弊得失，不要過於一廂情願，結果變成吃力不討好、兩敗俱傷。

婆媳之間沒有血緣關係，要媳婦將婆婆當親娘，或婆婆把媳婦當親生女兒，對彼此都有困難。不如當朋友，卸下婆婆的面具，減輕媳婦的壓力，共創和諧的婆媳新關係。

好婆婆不要期待一分付出就要有同等回報，適當的距離才能產生美感、減少磨擦。婆媳間不是「天敵」而是家人，要坦承、平等、尊重、開放地溝通。不要以權威鎮壓或情緒化的方式對待媳婦。婆媳感情若不融洽，對兒子及孫輩都會構成傷害。婆媳問題由兒子出面溝通較佳，不要讓媳婦獨自面對婆婆，以免變成忍受或衝突等不良後果。並非只有婆婆比較難溝通，公公、爺爺、外公等長輩也要留意。

三代同堂的美好願景

中華文化重視「家庭倫理」，盲點是變成過度保護或溺愛，剝奪孩子獨立自主與負責的機會。一旦成了「啃老族」，父母一面抱怨成年子女或孫輩過度依賴他們，一面又期待三代同堂、營造和樂融融的假象。如果婆媳同住，婆婆看不慣媳婦的態度及生活習慣，該怎麼溝通？若三代間緊張、對立，不僅影響你的熟年生活，也使你擔心自己的經濟狀況。你的子女也會因誰該奉養父母、如何奉養最公平，甚至是遺產分配等問題，弄得手足失和。

隨著時代轉變，三代同堂也有了不同的樣貌與形式。可以不用住在一個屋簷下，而以「二代居住宅」、「公寓三合院」的方式替代。如果非同住一個屋簷下，必須先約法三章，把生活空間的使用說清楚，顧及個人隱私和人我界線。尊重他人與自己生活習慣的差異，並不因為是家人，就得每個人都一樣。

爺爺奶奶當然可以照顧孫輩，但要更新教養觀念。例如：日本為了增進爺爺奶奶的「祖父母力」，發行了「祖父母手冊」。圖文並茂地呈現過去與現在育兒觀念的差異，受到許多跨世代的熱烈支持。過去日本女性婚後多數辭去工作、專心打理家庭，祖父母則悠閒享受退休日子。但現代社會壓力大，雙薪家庭日益增加，需要有人給予家事與育兒方面的協助。祖父母在時間與經濟上都較為寬裕，老一輩若能意識到自己是協助照顧孩童的重要力量，讓孫兒在充滿愛的環境中成長。不但能減輕子女負擔，使其兼顧工作，還能防止老化。透過育兒，還能增進與地區住戶的交流。

爺爺奶奶照顧孫兒類似廣義的「隔代教養」，要注意不可放任、溺愛，應與孫輩合理溝通。多充實教育專業知能，避免教養無力感。若有教養觀念及做法不一致，要好好與兒女溝通，他們才是孫輩的父母。各行其是、互相批評，只會造成下一代更大的傷害。

日本的長輩除了照顧孫子，還可到鄰近家庭輔助中心擔任志工，展開第二人生，重新回到社會。新宿區社會福祉協議會家庭支援中心是東京的示範中心，三百多名志工中以退休老人占多數。他們擔任育兒爺爺、育兒奶奶，從中體會付出的快樂。中心提供各種不同型態的支援活動，從最常見的學校接送、父母下班前照顧，到生病看護、居家環境整理、協助外籍配偶融入社會等。部分志工甚至提供自己的家，舉辦沙龍或烹飪教學等。

投資你的人脈資產

「在家靠父母，出外靠朋友」，不只適用於離家打拼的年輕族群，對於空巢或退休的熟年一樣重要。熟年世代最熟悉的歌曲應該是余天演唱的〈友情〉：

友情

友情，人人都需要友情，
不能孤獨走上人生旅程。
要珍惜友情可貴，
失去的友情難追。

演唱：余天
作詞：林文隆

周華健的〈朋友〉，熟年世代也能朗朗上口：

朋友

朋友一生一起走，
那些日子不再有。
一句話一輩子，
一生情一杯酒。

演唱：周華健
作詞：劉思銘

「人際關係」是熟年生涯滿意與否的關鍵，如果人際圈子很小，退休及子女離巢後又減少人際互動的機會，就會愈來愈不開心。身體許可時應參加多種社團，建立多元的人際關係網絡，重建自己的生活圈，感受三五成群相互關懷的樂趣。熟年世代若能找回自己的生活方式，跳脫以往生活及思考框架，「健康樂活」自然伴隨而來。

要多與朋友互動，尤其是久未聯絡甚至失聯的朋友。改變互動的方式，從通訊軟體的文字、相片，提升為雙向互動、真實接觸的打電話、聚會。尤其是心情不好、生活有困擾時，要有「適當的人」傾訴或請教。日本東海大學醫學系保坂隆教授建議，應為自己找幾個願意傾聽的朋友，盡可能找彼此處境或價值觀相似的人。但不可將老友當成「情緒垃圾桶」，跨越「人際界線」、干擾別人的生活。就算對方願意聽你說話，也不能狂發牢騷說個不停，如此一來，朋友肯定當不成。互相幫助、互相體諒的關係，才稱得上是朋友。通電話的時間不宜過長，最多十分鐘，避免打擾到對方的作息。一開頭要先問對方「你有時間聽我說一下嗎？」結束時更要記得說聲「謝謝」，這樣你下次想打電話給對方時，才不會遭到拒絕。

有些熟年世代會忽略這一點，因為自己時間變多而滔滔不絕，忘了別人仍有事要做。或只顧自己抱怨、要別人安慰，卻破壞了別人的心情。要避免成為被朋友拒絕的孤單老人，可朝下列「友活四要點」邁進：

- 如果有人邀約，別考慮太多，先去參加看看。
- 保持一段距離：別黏著對方，也別刻意冷淡。
- 真的合不來就不要往來：不要刻意去討好令你討厭的人，不如把時間用在合得來的人，或是在一起會覺得很愉快的人身上。
- 不分年齡性別，盡可能多與人來往。

熟年世代的空巢或退休適應，有些類似幼稚園小朋友離開父母，重新學習在不同環境下結交新朋友。與幼兒的差異是，熟年世代不會哭鬧不休、無理取鬧，而能更有技巧地融入新朋友當中。熟年世代基本上不怕沒有朋友，他們有許多老朋友，只是要學習如何適當地維繫關係、保住友誼。拜電腦科技之賜，現代熟年世代也可以交友滿天下，隨時與朋友揪團出遊。只要善於安排，熟年世代應屬非常幸福的一代。

參考書目

American Psychiatric Association著。臺灣精神醫學會譯。《DSM-5精神疾病診斷與統計手冊》。合記。
大島清著。李曉雯譯。《步行，健腦又健身！讓大腦越來越年輕的健行法》。新自然主義。
大島清著。章蓓蕾譯。《退休革命》。星月書房。
丹尼爾・高曼著。張美惠譯。《EQ》。時報。
丹尼爾・高曼著。張美惠譯。《EQ十周年紀念版》。時報。
丹尼爾・高曼著。歐陽端端譯。《情緒競爭力UP》。時報。
王乾任。《人生下半場的幸福劇本》。三民。
伊佳奇。《趁你還記得》。時報。
安東尼・紀登斯著。陳其邁譯。《失控的世界：全球化與知識經濟時代的省思》。時報。
江慧珺、范樂群。〈逃避→憤怒→接受？喪偶之痛，最怕變慢性悲傷〉。《聯合報》。

2016/03/27。
米爾頓・艾茲拉提著。吳書榆譯。《晚退休時代》。三采。
何權峰。《心境，決定你的處境》。高寶。
克里斯多夫・柯特曼、哈洛・辛尼斯基著。黃孝如譯。《心靈療癒自助手冊》。天下。
吳佳珍。〈3分鐘「唱副歌」 孫越分享人生之冬〉。《聯合報》。2015/03/11。
吳佳珍。〈安寧療護之母：晚年要正向思考〉。《聯合報》。2014/08/16。
李根厚著。李修瑩譯。《愈活愈老愈快樂》。大田。
林縉明。〈陪伴傾聽 解開長輩憂鬱之結〉。《聯合報》。2015/11/29。
邱奕寧。〈96歲剃頭師 要剃到看不見為止〉。《聯合報》。2015/07/06。
保坂隆著。連雪雅譯。《為自己準備一本獨老幸福存摺》。健行。
保坂隆著。楊明綺譯。《理想的老後：讓你到老更幸福的人生整理術》。如果。
珍妮特・貝爾絲基著。孫時敏譯。《掌控中高齡：後中年期生涯規劃》。臺灣中華。
紀文禮。〈教養傳家寶／南投阿嬤陳綢：手牽手就能心連心〉。《聯合報》。2015/08/09。

美野田啟二著。邱香凝譯。《效果驚人！1:1逆齡步行法》。商周。
威爾・鮑溫著。莊安祺譯。《祝你今年快樂》。時報。
胡瑋芳。〈3大因素　找出長輩焦慮來源〉。《聯合報》。2015/11/29。
徐如宜。〈余光中：家是講情、不是講理的地方〉。《聯合報》。2016/09/02。
柴林斯基著。譚家瑜譯。《幸福退休新年代：理財顧問不會告訴你的退休智慧》。遠流。
馬克・艾格洛寧著。陳秋萍譯。《生命永不落：一個心理醫師追尋老化意義的旅程》。遠流。
高宛瑜。〈93歲賣叭噗　沿街叫賣60年〉。《聯合報》。2015/07/06。
陳幸蕙。〈地表最強銀髮族〉。《聯合報》。2015/11/30。
陳亮恭、楊惠君著。《2025無齡世代：迎接你我的超高齡社會》。天下。
陳亮恭。〈2028，臺灣人口結構大失衡〉。《聯合報》。2016/04/05。
陳韋廷。〈日企回聘銀髮族，人瑞銷售員超狂〉。《聯合報》。2016/08/30。
傑拉德・溫諾克著。呂玉蟬譯。《爸爸教我的人生功課》。大塊文化。

博納・奧利維著。楊雯珺譯。《60人生多美好：一個法國男人的退休故事》。天下。

曾增勳。〈長照悲劇！丈夫頭七　老妻承認殺夫〉。《聯合報》。2016/08/15。

湯姆・雷斯、唐諾・克里夫頓著。張美惠譯。《你的桶子有多滿？樂觀思想的神奇力量》。商周。

黃文彥。〈國健署統計資料：壽命變長了，病痛也變長〉。《聯合報》。2014/08/16。

黃煌權。〈小學畢老董從黑手起家　73歲拿中正機械博士〉。《聯合報》。2016/08/18。

葉金川。〈超高齡社會的年輕銀髮族〉。《聯合報》。2014/09/30。

劉秀枝。〈年老不等於衰老〉。《聯合報》。2014/11/17。

蔡佩芬。〈日本爺奶跨世代育兒　增進「祖父母力」〉。《聯合報》。2016/09/30。

蔡容喬。〈王永文，偏鄉孩子的牙醫爺爺〉。《聯合報》。2016/09/16。

鄧桂芬。〈想像財富轉移不再世襲的世界〉。《聯合報》。2016/09/28。

鄭涵文。〈孫叔叔不煩「老」　好不容易白髮，幹嘛染黑？〉。《聯合報》。2015/03/11。

蕭白雪。〈德法退休族兼職者變多〉。《聯合報》。2015/10/29。

魏惠娟。〈45 歲~高齡教育最佳時機〉。《師友月刊》518 期。

【LIFE 叢書】

遇見・幸福：情愛溝通的22堂課

王淑俐／著

**每個人都有愛與被愛的自由與權利，
修習情愛溝通這門課，能讓你對愛情與婚姻產生信心，
從遇見「對的人」進而遇見「幸福」。**

本書以讓自己成為「對的人」，再去尋找或吸引「對的人」為核心，強調透過「溝通」的方式解決愛情難題，進而找到適合自己的伴侶。內容涵蓋廣泛，包括辨識真愛、劈腿議題、安全分手、同性戀情、親密行為、懷孕與墮胎、同居與試婚、婚前協議、婆媳相處、家庭暴力、外遇與離婚等，共22堂情愛溝通的必修課程。

無論你是否已經遇見幸福、找到對的人，本書都能帶領你，重新感受幸福的美好滋味。

【LIFE 叢書】

做人難・不難：職場溝通的10堂講座

王淑俐／著

**如果你是學生……本書能成為職場溝通的「旅遊指南」，讓你進入職場後「玩得」盡興。
如果你是職場新鮮……本書可當作職場溝通的「參考書」，讓你在人際關係中獲得高分。
如果你進入職場多年……本書可作為「字典」，讓你查到「正確的」人際相處之道。
如果你是主管……本書可成為「保健手冊」，診斷自己在領導與溝通上的病兆、對症下藥**

本書從職場關係的角度，強調「以人為本」的溝通態度，並提供相關的溝通技巧，讓你在職場溝通及做人做事上都能無往不利！

【養生智慧叢書】

自己的肺自己救
——每天 1 分鐘的肺部保健指南

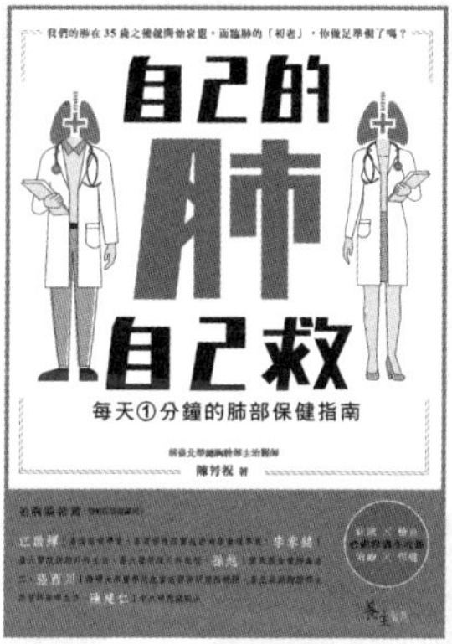

陳芳祝／著

我們的肺在 35 歲之後就開始衰退，
面臨肺的「初老」，你做足準備了嗎？
癌症連續三十多年位居我國十大死因之首，
而十大癌症之中，呼吸系統癌症的致死率更是位居第一！
但你對自己的肺了解多少？

為照顧國人健康、解答患者的困惑、釐清你我常有的迷思，前臺北榮總胸腔部主治醫師陳芳祝，將三十餘年的從醫經驗整理為這本淺顯易懂的指南。不論上班族、家庭主夫／婦、青少年還是銀髮族，都能將本書作為案頭指南，讓自己一步步邁向「肺」常健康的人生。

【養生智慧叢書】

老眼不昏花
——銀髮族的視力保健

劉瑞玲、林佩玉、蔡傑智、陳世真、王安國、鍾雨潔
蔡芳儀、黃怡銘／著

臺北榮總眼科醫師團隊彙整多年醫療經驗，鎖定因年齡增長可能造成的諸多眼部疾病，詳細說明成因、預防方法及治療方式，包括老花眼、白內障、青光眼、黃斑部病變、視網膜病變，以及外觀性的眼瞼下垂、眼袋等。與市面上一般眼科書籍全面性的介紹不同，特別適合銀髮族閱讀。

【養生智慧叢書】

找回睡眠力
——銀髮族睡眠寶典

陳錫中／著

身體漸老但心靈年輕，唯有優質睡眠才能辦得到。
失眠不是銀髮族的宿命，只要觀念正確、用對方法，
人人都能找回睡眠力！

長輩為什麼淺眠多夢？午覺如何睡得巧？如何吃出好眠？如何破除身體疾病和失眠的惡性循環？長者睡夢中大喊大叫是怎麼回事？如何不吃藥得好眠？如何不被安眠藥綁架？

失眠，可能是增齡的自然現象，也可能是需要治療的病症！睡眠醫學專家陳錫中醫師，用樸實、輕鬆但深具學理的方式，介紹年長者睡眠的變化，並提醒各種睡眠問題應該就診的關鍵。本書引用本土的研究資料，內容貼近臺灣銀髮族的需求，兼顧醫學科普知識與實用資訊，幫助長輩健眠增能，找回睡眠力！